A Course in Spellcasting for the Psychic Witch

Mastering Magick

麥特・奧林

Mat Auryn

U0088524

Translated from
Mastering Magick:
A Course in Spellcasting for the Psychic Witch
Copyright © 2022 Mat Auryn
Interior illustrations by Laura Tempest Zakroff, Benebell Wen, Llewellyn Art Department
Published by Llewellyn Publications
Woodbury, MN 55125 USA

魔法深化

出　　　版／楓樹林出版事業有限公司
地　　　址／新北市板橋區信義路163巷3號10樓
郵 政 劃 撥／19907596　楓書坊文化出版社
網　　　址／www.maplebook.com.tw
電　　　話／02-2957-6096
傳　　　真／02-2957-6435
作　　　者／麥特・奧林
譯　　　者／張晉瑋（狐狸先生Cléo）
企 劃 編 輯／陳依萱
校　　　對／周季瑩
港 澳 經 銷／泛華發行代理有限公司
定　　　價／480元
初 版 日 期／2024年1月

國家圖書館出版品預行編目資料

魔法深化 / 麥特・奧林作；張晉瑋（狐狸先
生Cléo）翻譯. -- 初版. -- 新北市：楓樹林
出版事業有限公司, 2024.01　面；　公分

譯自：Mastering magick : a course in
spellcasting for the psychic witch.

ISBN 978-626-7394-18-2（平裝）

1. 巫術 2. 超心理學

295　　　　　　　　　　112018920

《魔法深化》各界好評

「《魔法深化》鼓勵讀者探索自身的邊界來深化自己的魔法……麥特透過他的觀點和練習，甚至也鼓勵已經有一定程度的實踐者重新檢視自己的技術，還有跟神靈與盟友的既存關係。他提出問題，幫助我們探索身為巫者所操作的能量，要我們用嶄新的方式觀看它們，思考眾多不同的傳統切入方式；他也建議了實際的步驟，幫助我們調整自己的思考，讓我們能更有效率地連結——還有運用——那些能量。」

——艾琳·墨菲—西斯考克（Arin Murphey-Hiscock），
《綠巫》（*The Green Witch*）作者

「麥特·奧林分享了他身為巫師的成長故事——既深觸人心又讓人很有共鳴——以及由許多絕妙咒術構成的花束，讓尋求魔法的人得到了最完整的發展。無論作為文學或是施法的進階指南，《魔法深化》都是一本非常優美的讀物。」

——米屈·霍洛維茲（Mitch Horowitz），
《神祕學美洲》（*Occult America*）PEN 獎獲獎作者

「《魔法深化》展露了作者內心柔軟的部分、毫不退縮的極度真實，既是魔法回憶錄，也是咒語書。麥特·奧林以他令人心痛的過去出發，不僅僅示範了如何執行各式各樣的實用咒法，也說明了為什麼這份功業能為我們帶來療癒。這是暢銷書《魔法顯化》的完美續篇。」

——M·貝蘭傑（M. Belanger），
《惡魔辭典》（*The Dictionary of Demons*）作者

「如果想要觸碰到繁星，首先你必須雙腳牢牢踏進地裡。《魔法深化》提供給你魔法實踐的動力學以及有效施術的堅實基礎。」

——非爾·海因（Phil Hine），《混沌濃縮》（*Condensed Chaos*）作者

「本書提供的一系列課程與實戰練習，全都是為了教導你如何在魔法上獲得想要與需要的成果。《魔法深化》之於施展魔法，一如《魔法顯化》之於靈能感知與能量操作：以容易理解的編排呈現關鍵觀念，並教導實用技能。」

——約翰・貝克特（John Beckett），
德魯伊與《異教徒之路》（*The Path of Paganism*）作者

「在《魔法顯化》中，麥特・奧林把焦點從儀式與咒法轉移到真正能幫助發展的靈能力練習；而在《魔法深化》中，他設計出了一套系統性的訓練，讓巫者能把發展出的靈能力用於咒術與儀式。
這本書讓我們看到：心靈和能量的內在行動，是如何天衣無縫地跟透過蠟燭、香油與咒語做出的外在行動結合在一起。」

——傑森・米勒（Jason Miller），
《與靈同行》（*Consorting with Spirits*）作者

「這是一本極為罕見的書，教你許多新事物的同時也揭露了作者心中柔軟的部分——《魔法深化》就是這樣的一本書。即便是那些連經驗老到的實踐者都感到晦澀的複雜神祕學概念，奧林都能將它們變得淺顯易懂。」

——莫特瑠斯（Mortellus），
《骨頭旋舞而落》（*The Bones Fall in a Spiral*）作者

「麥特為我們呈現了一幅豐富而細膩的織錦畫——充滿各種知識源泉、想法、鼓勵——是的，還有種種為了唯一目的設計的練習：你個人對這份技藝的掌握……無論你是異教魔法新手，或者長期的實踐者，麥特按部就班的教學一定能夠深化你對靈的認知，也必然引導你走向力量。」

——提摩西・若德里克（Timothy Roderick），
《威卡：一年又一天》（*Wicca: A Year and A Day*）作者

「透過任何人都能理解的直白語言，麥特・奧林使用他的經驗幫助魔法新手踏入自己的力量。與元素宇宙對話、向他自己的老師與嚮導致敬的同時，奧林也提供了一本充滿實際技巧、冥想、咒術和練習的書，相信你一定會一次又一次地複習。」

——阿曼達・雅慈・加爾西雅（Amanda Yates Garcia），《入門者》（Initiated）作者與廣播「世界與世界之間」（Between the Worlds）主持人

「帶著對巫藝至深的愛與崇敬，麥特把巫者與魔法的力量拆解開來，並用直白的語言說明，任何實踐者都能從中獲得智慧。這本書充滿了靈感的繆思，是一支豐饒之角，滿載能用於任何情況的強大咒術與儀式，也是讓最玄祕的概念變得易於消化的論文，這樣的書必將成為經典。」

——加壁列拉・赫斯提克（Gabriela Herstik），
《內在女巫》（Inner Witch）作者

「《魔法深化》給人靈感、賦予力量。無論你的經驗和程度，這裡都有能讓你的魔法抵達更高層次的撇步和小技巧……《魔法深化》的知識內容研究或書寫都極好，是一本會讓你不斷複習的書。」

——傑森・曼奇（Jason Mankey），
《巫者的角神》（The Horned God of the Witches）作者

「《魔法深化》引領讀者深入成為更好的魔法實踐者的蜿蜒路徑……麥特鼓勵讀者再次檢視或許被視為理所當然的那些技巧，也詢問關於咒法、施魔法，還有跟靈界對話相關的種種問題與方法。初學者、有經驗的巫者和實踐者，同樣都能透過閱讀這本書，探索這套編寫極佳的課程與指南，而得到許多收穫。」

——達尼艾拉・迪歐妮（Daniella Dionne），
《魔法通靈術》（Magickal Mediumship）作者

「麥特是罕有的魔法實踐者大師之一,因為與人分享他可觀的知識寶藏而欣喜。幫助他人成長為完整成熟、充滿魔力的自己,並找回自己與生俱來的力量:這樣的渴望不只是他身為作家與老師的強項,也是他的靈性召喚。麥特讓發展個人魔法實踐的道路向所有人敞開;非常個人、強大,我甚至敢說,非常有娛樂效果。」

——瑞秋·楚(Rachel True),

女演員與《真實之心直覺塔羅》(*True Heart Intuitive Tarot*)作者

「《魔法深化》提供了一套指導方針,教讀者如何創造自己真實想要的生活的⋯⋯這是在我們所有人都需要神聖連結與智慧的此刻,一本帶來療癒的書。」

——達米安·艾可斯(Damien Echols),

《儀式與高魔法》(*Ritual and High Magick*)作者

魔法深化

MASTERING MAGICK

關於作者

　　麥特·奧林（Mat Auryn）是國際知名暢銷書《魔法顯化：93 則成為巫師的自學指南》的作者，獲獎無數，著作被譯為超過十種語言。他是巫、神祕學講師、備受歡迎的演講者，也是退休的專業靈媒，曾在加利福尼亞灣區服務。自幼就受到神祕學與玄學的吸引，他八歲就開始閱讀巫術相關書籍。傳承了黑玫瑰巫術（Black Rose Witchcraft）、卡波巫術傳統（Cabot Tradition of Witchcraft）、巫術神殿體系（Temple of Witchcraft），還有其他數個神祕學系統，目前他在神聖之火巫術傳統（Sacred Fires Tradition of Witchcraft）中擔任大祭司。能夠在許多出眾的巫術老師、長者底下學習，對麥特而言是份殊榮。

　　麥特也是現代巫術大學（Modern Witchcraft University）的講師，並見於各雜誌、廣播節目、書籍、文集、部落格以及其他期刊，其中包括《巫與異教徒雜誌》（*Witches & Pagans Magazine*）；他在這份雜誌中書寫專欄，名為「超感知覺巫術」（Extra-Sensory Witchcraft）。因為持續幫助巫術社群裡的成員，盡其所能讓其他巫者不感到孤單，麥特是「最樂於助人巫師獎」的第一個獲獎者，由《巫道》（*Witch Way*）雜誌頒發。

過去十年，麥特有幸透過自己的靈能技術與塔羅占卜幫助全球上千人釐清方向；他也教授多種玄學與神祕學課題，例如靈能力開發、魔法賦能、與神靈合作、占卜、能量療癒、清明夢與星靈體投射。若想了解更多關於麥特與他的工作，請參考以下網站：www.MatAuryn.com、www.modernwitchuniversity.com，或他的社群媒體帳號 @MatAuryn。

麥特 · 奧林的其他著作
《魔法顯化：93則成為巫師的自學指南》

麥特 · 奧林序文書籍
Of Blood and Bones:
Working with Shadow Magick & the Dark Moon by Kate Freuler (Llewellyn)

Seasons of Moon and Flame:
The Wild Dreamer's Epic Journey of Becoming by Danielle Dulsky (New World Library)

Queering Your Craft:
Witchcraft from the Margins by Cassandra Snow (Weiser)

Mountain Conjure and Southern Root Work by Orion Foxwood (Weiser)

Pure Magic: A Complete Course in Spellcasting by Judika Illes (Weiser)

Consorting with Spirits:
Your Guide to Working with Invisible Allies by Jason Miller (Weiser)

悼念

史考特・康寧罕
Scott Cunningham
(1956-1993)

　　巫藝，不只是一門手藝，而是與我們自身的連結，是一件我們可以用來改變生活的寶貴工具。任何人只要帶著學習的意願與自我蛻變的深刻渴望，都能掌握巫術這門技藝。

——史考特・康寧罕
《魔法巫作：創造充滿魔力的物品》
（*Spell Craft: Creating Magical Objects*）

獻詞

這本書獻給這些特別的人，沒有他們這本書不會存在——
或至少不會以目前的樣貌存在。

傑森·曼奇（Jason Mankey），你是第一個相信我寫作能力的
人，並給了我機會在主流平臺上寫部落格。即使其他異教部落客
在其他網站公開表示：沒有人在乎我有什麼想說的，你會找我一定
是因為沒有辦法了；但你依然堅持最初的決定。如果不是因為這樣
的機遇，我根本不可能開始寫書。我永遠也不會忘了這些。

勞拉·坦佩斯特·薩克洛夫（Laura Tempest Zakroff），妳不只是我
最愛的女巫、藝術家、神祕學作家之一，也是我最愛的人類之一。
從第一本書的企劃，到幫助我面對身為寫作的公眾人物會遇到的種
種，包括聽我訴苦，妳在我的作家生涯提供的協助與友誼無價。

艾莉莎·加洛（Elysia Gallo）和霍莉·汪德哈爾（Holly
Vanderhaar），妳們不只是編輯，還是聖人——因為妳們的耐心、奉
獻，還有處理我的文字那奇蹟般的能力，幫助我表達得更清晰，
讓文字更能被理解。非常感謝兩位。艾莉莎，妳不只幫了我不知
道多少，還總是支持著我，在我需要時幫助我，代表我向公司傳
達想法與疑問，讓我確定鹿林（Llewellyn）就是我想待的地方。

伊沃·多明格茲（Ivo Dominguez Jr.），我常常（半）開玩笑地
說：我「長大」後要成為你。我在各種層面都對你抱有深深的敬
意、仰慕與愛。你從第一天開始就在我身上看見了點什麼，你對

我的信心，也是我在這條路上感到被打倒時繼續前進的動力。沒有你的書、你的教誨，沒有你慷慨接聽我的電話，與我討論、幫助我釐清觀念，這本書會有很大一部分不會是現在的樣子。你的引導、私下的指導，還有最重要的是你的友誼，於我都是無價之寶。

莫特瑠斯（Mortellus），感謝你閱讀本書手稿的敏銳、你的建議與耐心；感謝你指引我走過語言複雜的迷宮，確保這份書稿能讓所有人理解，這是天賜的祝福，一如你的友情。感謝你幫助我增進這本書的包容與完整性。

查斯·博根（Chas Bogan）、迪凡·杭特（Devin Hunter），還有史東·飛利沃夫（Storm Faerywolf）——House Fourlocks 的另外三位成員，我深深地愛著你們。在我因為書稿感到壓力並自我孤立的時候，感謝你們展現耐心。我期待著我們共享的未來，這份未來你們缺一不可。特別感謝史東，感謝你提供了龐大無比的支援，助我修飾咒法中的詩歌，還有幫助我打造元素之旅冥想。

最後，獻給我所有的讀者。沒有你們，這一切都不會成為可能。當我讀到或聽到我的上一本書如何改變了你們的人生、提升了你們的巫術和靈能力，即使身為一名作家，還是很難用文字表達我的感受。你們的支持、超棒的評價還有推薦，對我來說就是全世界。對所有的讀者，我深感謙卑、榮譽與感激。你們就是我做這件事的理由。

目錄

咒術、配方、冥想與練習目錄

聖別儀式

蛾翅之靈，羽化成神，憑藉其名，本書就此聖別。

她是「愛」本尊的妻，曾棲身黑暗的宮殿、汲取地下世界的水，然後飛升奧林帕斯天庭。

以幽穴中野地舞蹈的排笛手之名，本書就此聖別。他，那傳授預言的光之牧神，那致命驚懼的影之羊神；他，那激發狂喜覺悟者，而他的身體組成了整個存在的所有領域。

以我們之中的第一人──愛亞之名，本書就此聖別。太陽海力歐斯的過渡之子，舞著儀仗：她是魔法的紡織娘、唱咒者、蛻變的王女。

讚美人的靈魂、自然的神性，以及那夾縫之間的諸法萬象。

更多致謝

首先，特別感謝我敏感的讀者，還有患有注意力不足過動症、想像障礙和發育性神經表現特異症的試閱小組成員：摩特路斯、伊莉莎白·奧藤娜利斯、羅文、潔德、芙蘿拉、梅爾克、阿麗婭、伊瑪尼、喬許、馬克、莎拉，以及不希望被提及的那些人——你知道我在說你，感謝你。

特別感謝為這本書提供材料的優秀作者：茱蒂卡·愛爾斯、帕米塔夫人、茱麗葉·狄亞茲、傑克·李察斯、杜爾加達斯·艾隆·度里爾、凱特·佛伊勒、梅拉妮·巴儂、莉莉絲·朵爾西、迪凡·杭特、史東·飛利沃夫、班妮貝兒·溫、克里斯多佛·潘薩克、亞當·薩特威爾、德蕾莎·里德、亞絲特拉·泰勒、史凱·亞歷山大、勞拉·坦佩斯特·薩克洛夫。

感謝你們：雪鬼的漢娜·卡特懷特（Hannah Cartwright of Snow Ghosts）、契爾莎·伍爾芙（Chelsea Wolfe）、布雷特兄弟（Boulet Brothers）、瑞秋·楚（Rachel True）和妮卡·丹尼洛娃（Nika Danilova，又名左拉·耶穌〔Zola Jesus〕）。能夠得到我深深景仰之人的支持，令我同時感到謙卑與顛覆想像的光榮。感謝你們的藝術以及提供的娛樂，這些深深地豐富了我的生命。

除此之外，尤其感謝你，凱。謝謝你寄給我的信、超棒的藝術創作還有那塊特別的石頭。這讓我想起自己小時候，當時讀完希薇爾·雷文沃夫的書後，我也寫了信給她。你不知我是多麼深深地被觸動，願你生命中只有滿滿的祝福。

前言

希薇爾・雷文沃夫（Silver Ravenwolf）

「我選擇」是一個人蛻變旅程的起點：我選擇敞開我的心胸，我選擇探求奧祕的答案——生命、可能性與人生的奧祕。我尋求滿足、改變、成功、自由、知識、療癒、平靜……

我選擇……。

我決定跟道路上的其他人聯繫，跟導師、作者、朋友、工匠師傅、藝術家、音樂家、詩人、有願景理想的人、夥伴、實業家、儀式師，還有那釋出善意而不是散播紛爭的人。

我選擇……在我們的關係之網中舞蹈，在光的絲線上平衡，它們會帶領我到可以用來提升靈魂的工具那裡。

隨著我的學習，身旁的人會跟著我的成功一起翱翔，也獲得成功，又或許他們會飛離。

他們選擇了自己感覺正確的路，而我尊重這一點。

我擁抱這一切。

我擁抱新的經驗、新的想法、新的自我表現方式；我經歷的奇蹟讓我在滿心感激之中陶醉無比。

療癒。愛。喜悅。

成功。然後我學到這一刻就是魔法！呼吸，就是連結的力量。鑰匙就是……我自己。

我發現我幫助的那些人的成就，才是我真正的勝利。而當我選擇為其他人打開門的時候呢？那是沒有人可以打倒的力量。

感謝麥特的努力、他對讀者的愛，還有他對這條道路的敬意，你會在這本書中發現通往無限力量的工具。

他的作品會協助你鑄造你自己——作為那把閃閃發光、童話故事般鑰匙的化身，帶著自信、喜悅與成功持續前進。

要如何把麥特極具說服力的資訊結合到生命中、你最終會帶著這些走到哪裡，這些完全看你。他不只提供了未來會讓你持續回來複習的寶貴技巧，還帶入了許多當今魔法界翹楚的分享——他們從各自的專業領域中慷慨分享，為這本書添增了許多令人興奮的內容。這些人包括人見人愛又知識淵博的克里斯多佛·潘薩克、活力十足的傑克·李察斯、才華洋溢的勞拉·坦佩斯特·薩克洛夫、充滿力量的帕米塔夫人、史東·飛利沃夫的智慧，還有好多好多。

從擁抱你自己的力量，到準備你的心靈；從認識靈智能量的科學，到調校你的神聖空間，以獲得最好的成功、喚醒儀式工具，還有強化你的意志：這本書提供了一條架構完整的路徑，同時留下大量讓讀者獨自探索的空間。

科學！時間！守備與防禦，還有強大的保護魔法——這是一本相關議題的集大成之作，能讓你的魔法提升精進，提高你的頻率。這會是你的魔法書庫中多麼寶貴的收藏啊！這本書肯定很快會成為你的靈性旅程中，有著極高價值的必備參考書！

別等了！快投入閱讀吧！這畢竟只是一篇前言。所以，讓我們帶著喜悅前進，擁抱麥特對駕馭自我的神聖洞見吧！你生命精采的下一個篇章即將展開！

與諸神和平同在

與自然和平同在

和平在我們內在

So be it.

──希薇爾‧雷文沃夫

導言

當我還是北加利福尼亞一個小鎮上的孩子時，我就飢渴地啃著每一本拿到手的巫術書籍。我會存下生日或過節得到的一點錢，去購物中心的書店買書，一本、一本。慢慢地，我有了一套有限但令我著迷的收藏。書本的數量僅夠我沉浸在魔法的世界中仔細學習，而不至於多到讓我嚴厲虔誠的祖父母發現。當時我跟他們住在一起。

中學時期，我搬到南加州跟其他家族成員一起生活，很可惜必須把我的巫術書都留下。不過，我很快聽說海邊有一個被稱為「巫書店」的地方；其實那是一家玄學用品店，但我也發現他們的確很著重威卡（Wicca）、巫術和其他種類的魔法。最終我開始搭公車去那裡；我清楚記得那家店對小時候的我來說，是多麼奇妙、充滿魔法。

帶著興奮、好奇又緊張的心，我打開了那家小店的門。門把上的鈴鐺叮噹作響，宣告了我的到來。瞬間歡迎我的是異國的混雜芳香。薰香的煙味、香油的芬芳，空氣中充滿乳香、薰衣草、印度賽巴巴、檀香和雪松的香調，混合成了香氣的豐饒之角，創造出店家獨特的標誌氣味。芳香與店中播放的音樂在空氣中編織在一起——我從沒聽過類似的音樂。一切都非常異國、放鬆，最重要的是，創造出了神祕的氣場。

招呼我的是櫃檯後方一個友善的女人，帶有一絲不情願跟懷疑——其實非常能夠理解，因為我很快就發覺自己永遠是沒有大

人陪伴、獨自進入商店最年輕的顧客。儘管如此，我還是在驚奇與崇敬之中探索了這家店，細細品味他們美麗的雕像、儀式物件和各種水晶。我記得自己仔細閱讀所有展示牌，用待在那裡的有限時間盡可能大量學習。

偶爾，店裡的通靈塔羅占卜師會離開她的座席，來跟櫃臺小姐說話。我還記得自己對這位靈能占卜師同時感到非常著迷與害怕。她能讀到我的心嗎？她知道我所有的祕密嗎？最好還是不要吸引她注意，把頭低下來。兩個女人在回到座位前會閒聊一下，然後我才能鬆一口氣，慶幸她不會公開我藏在童年小腦袋裡小心翼翼保護的重要祕密。

隨著我成為店裡的常客，雖然只能負擔得起一些不貴的小東西，像幾塊研磨水晶，但我在那裡感覺越來越自在了。慢慢地，這家店變成了我所有興趣的避風港，在外頭，我感興趣的東西對當時身邊認識的人來說都太怪了。但在這裡，這些都不奇怪——一切都被擁抱了。我慢慢變得更自在，然後開始持續盡可能大量問櫃臺後的女人各種問題，同時也試著用我有限的神祕學知識讓她驚豔，試著向她學習我能問到一切的一切。

距離我還是個書店中的好奇小尋找者的時期，好多年過去了。在那之後，我繼續向每一個能找到且聲譽良好的老師學習魔法和靈能力發展，也閱讀每一本能拿到的書籍；直到今天我還是持續這麼做。如果說我對魔法技藝或靈能力有什麼了解，那就是每當你以為自己已經都搞懂了，最後往往會發現這個坑只會變得越來越深、越來越深。這些主題和宇宙本身的運作與奧祕有關。因

此，永遠都還會有探索的空間，其中包括複習、再次檢視我們認為是基本、基礎的事物。

我第一本書《魔法顯化：93則成為巫師的自學指南》，焦點放在喚醒你所有的內在感官，並反向操作，讓你只用你的心智、身體還有靈魂施展魔法，造成並影響改變的發生。它的目標是建立強大基礎，培養你感知與操作能量的能力，讓你的內在世界能在外在世界創造可觀的改變。然而，反過來也同樣真實；執行外在的咒術和魔法，可以幫助我們喚醒、激發、提升自己的靈能力。發展靈能力會讓你的魔法更精進，也能提升心靈感知的敏感度。一如克里斯多佛・潘薩克在《靈氣魔法》（Magick of Reiki）說的：「對魔法實踐者而言，內在現實與外在現實之間沒有太多分別。它們單純只是不同的視角而已。要在其中之一創造改變，你也必須在另一個同樣創造改變。」[1]

目前這本書，是《魔法顯化》的延續；所以我會帶著不同的視角，複習上一本書中一些關鍵主題和方法。首先，《魔法顯化》專注在建立靈能力和魔法的堅實基礎，因此除了你的心智、身體與靈魂之外，盡可能減少了其他外在工具的使用。再來，我完全省略了傳統的術法，這樣能避免讀者從當下專注的內在修行分心。但這不表示傳統咒法不能作為喚醒靈能力的強大工具。

巫熱愛施咒，我自己也是。如果你在讀這本書，有很大的機率你也熱愛術法。在黑暗中點起蠟燭，看著薰香的煙跟搖曳的火焰追逐遊戲，準備開始儀式：沒有什麼比這個更神祕的了！施法這件事真的非常迷人有魔性，它能刺激原始的生理感官，創造異世

界的氛圍。我寫這本書的目的是分享魔法的理論和運作原理，並囊括許多直接用來增強靈能力的咒法、魔法儀式、禱告與配方。也因此，我廣泛請教、詢問眾多我尊敬的魔法界朋友，請他們在這本書中分享個人祕密、術法還有配方。

魔法（搭配行動）能治療並拯救這個世界：這是我所堅信的。我相信這是最最被需要的事物。但，要做到這點，我們需要再次將之賦魔（re-enchant）。所謂「再賦魔」，我指的不是把魔法當作一種逃避或幻想；所謂「再賦魔」，指的是我們需要再次跟世界連結在一起，在治療世界之前，看見其真實的樣貌。看見世界真實的樣貌代表的不僅僅是看見人們真正的樣子，而是看見自然的真身，真正地跟自然的靈連結，跟我們居住地的神靈生態系連結，跟所有存在此地的居民連結——也就是跟這些力量與神靈創造羈絆。最重要的是，這表示著想起我們是誰。

巫的道路一直都是尋找權柄（sovereignty）的道路。所謂權柄，我指的是為自己、為自己的生命，還有你為世界造成的影響負起責任。最能觸及這個想法的核心，也是我最愛的引言之一來自狄凡・杭特的書《巫者力量之書》（*The Witch's Book of Power*），他寫道：「我們相信，如果你有能力和方法讓人生變得更好，你就有靈性上的義務那麼做。因為這點，我們的魔法以取得個人力量與影響力為中心，並用來讓世界變得更好。」[2]

找到權柄，意味著以你的個人力量站穩腳步，並且用這份力量幫助他人找到自己的力量。以整個民族而言，我們跟「權力」這個概念有著很糟糕的關係；我們經常看見在權者濫用權力，嘗試宰

制他人，對人們、動物和自然帶來恐怖至極的毀滅性影響。真正的個人力量不會追求宰制他人，因為賦予他人力量不會被視為是對自身力量的威脅。

要改變世界，我們需要先在靈性上變得充滿力量，然後為了更好的世界施展魔法，從自己的人生和自身開始做起。因為這些理由，我的第一本書非常強調強化心靈能力和冥想。不只因為你對操作的能量有意識時，你的魔法會大大地得到強化；更是因為心靈能力允許我們一點、一點地看見事物的本來面貌：看見我們自身、彼此與世界，其實是一體。這讓我們踏出執行煉化的大功業（the Great Work）的第一步，變得完整、充滿力量、平衡。這趟旅程會帶領我們前往心靈中最黑暗的地穴，以及靈魂中最崇高而神聖的經驗。但首先，我們要學習直面自己，為了獲得療癒。這不是容易的工作，然而這是核心的工作、大功業。

很多人一頭栽進魔法中，以為咒術能馬上解決所有問題。表面上看來，這的確有幾分真實。咒法的確可以補救我們生命中發生的問題，使之處理起來更容易。然而，絕大多數咒法的焦點往往是處理我們生命中的種種情況，無論是金錢，還是面對麻煩的人或境遇。你真的可以施展出來最強大、最有效的魔法，其實是施加在自己身上的魔法，用來讓自己覺醒並帶來療癒，在智慧中成長。喚醒了心靈感官，你就敞開了自己，能夠與神性有直接的經驗；而神性可能有著神靈、男神、女神的形象。不過，這也是在培養一種意識，也就是認知到所有人與所有事物中的神性，其中最重要的，是培養對自己內在的神性意識。這麼做的話，我們就

可以摘下蒙蔽雙眼的布條。所謂將世界再賦魔，指的是我們先在自己身上施法，真正地覺醒，然後才對世界做出回應，而不是做出反射動作般的反應。將世界再賦魔，指的是真實地去觀看、作嶄新的夢，透過配合行動的魔法，掌握自己的故事。

魔法完全地轉變了我的生命和我自己本身，轉變大到跟過去相比都認不出來了！我也見證過魔法為許多人帶來同樣的效果。它幫助了我發現更深的自我意識，以及與周遭連結在一起更深的感受。我發現我自己對新的、不同的想法或思考方式更加開放，也變得更有自信了；我找到了自己的聲音，這幫助了我在過去沒主見的地方更加堅定。魔法幫助我向新的、刺激的機會敞開；沒有魔法，我是不可能得到這些機會的。我也發現自己對其他人更加慈悲，同時我對自己的力量也更有意識。它幫助了我克服恐懼和安全感的缺乏，也讓我離開可能有危險的關係和情況。魔法從內到外地幫助我治療自己和他人。魔法也曾經改變了我人生中事物發展的軌道，幾乎就像是奇蹟！

有些人說魔法跟自我幫助、提升自我、心理學或自我轉變一點關係也沒有。這點我強烈反對。而這些是魔法的全部嗎？倒也不是。但幾乎所有我能想到的魔法路徑，都專注在個體的療癒，目的是讓人為更大的魔法功業還有經驗做好準備。在神祕學裡，這一切都是大功業（Magnum Opus）——唯一真正的事業、唯一值得進行的工作。在《魔法顯化》中，我寫了「魔法會改變它觸碰到的一切。」

經常停下來，評估一直以來你是誰、你當下是誰、你正在變成怎麼樣的人，然後看看自己是不是有所成長，這會是你的道路上良好的反思與指標。改變必須從內在做起，外在的人生和世界才能有改變。「如是在內，在外如是」（As within, so without）。這不是要我們成為完美的存在、消除一切精神上的異常，跟這些無關。這裡強調的是盡力成為更好的人、成為更好的人類。我不在乎你學習或實踐了多久，善良、有愛、有同理心的人類是這個世界上最最最充滿魔法的事了！這種類型的人跟幾世紀之前巫一樣稀有；我們需要更多這樣的人。專注於自我提升，能把你裝備得更好來改善世界，而且這件事本身也很讓人佩服。這比一個人能擁有的任何神祕知識或體驗都還要令我敬佩。就自我轉變而言，我指的不是在靈性上超越自己或他人。我指的是真心、真正的成長與蛻變，那通常非常醜陋、骯髒、很不舒服，有時甚至很痛苦。

✦

精通魔法

在魔法的領域中，「精通」（Mastery）一詞對很多不同的人分別代表著不同的意義。對我來說，「精通魔法」，指的是在一個因其性質而通常難以理解或言傳的特定場域裡，漸進、持續累積知識、智慧和經驗的過程。精通魔法指的不是學完外面所有的東西，沒剩下任何需要繼續學習或經驗的事物。我可以直接告訴你：

存在於這一世的時候，這是不可能的。當我們停止為了知識和靈魂上的成長追求智慧和新體驗時，就來到了停滯的死路。精通魔法的意義，就是為了繼續成長與開拓；持續那麼做，我們會因為在萬物與自身之中看見魔法，而開始轉變成魔法之力本身。

精通魔法的意義，不是在執行最炫、最讓人印象深刻的術法和儀式，或擁有最豐富的神祕學藏書，或最昂貴的巫術工具組。雖然這些事物本身沒有任何不好，但它們都不是這條道路追求的意義。精通魔法，不僅僅是你在做的某件事而已。精通魔法是一種狀態。一種認知到自己、他人還有你的現實都是魔法的狀態：這是通過魔法實踐，你慢慢會開始明白的事；你會開始在所有人、所有事物中看見魔法，就像你開始在自己身上看到一樣。

沒錯，我仍然不認為自己是個多數人理解意義下的「大師」，也就是已經抵達學習終點的人。但我認為自己是掌握我生命的魔法大師。就理解魔法如何改變了我的人生、至今我如何把這份知識融入到生活中這兩點，我是個大師。但精通不是最終目的地，而是在沒有終點個人進化的道路上終身的追求。在這條路上，書本、老師和傳統都很有幫助，不過在你的成長跟經驗上，這些都是有限的，能帶你前進的距離也是有限的。有個常見的抱怨是：坊間沒有太多「進階」的巫術書籍。那是因為書本只能帶你走那麼遠。到了一定的階段，我們必須追求跟魔法之力本身的連結，然後魔法會開始引導我們、教導我們。史考特・康寧罕寫得極好：「你可以在書本、珍稀抄本和加密的詩歌中尋找智慧；但也別忘了在平凡的石頭裡、脆弱的藥草，以及野鳥的鳴聲裡尋找。如欲發

現魔法，便傾聽風的耳語、水的吶喊吧！因為在那兒，古老的祕密被保存了下來。」[3]

雖然我的確積極鼓勵人盡可能從不同的管道學習，透過正式的訓練和非正式的書籍研讀，和其他不同的媒體學習；然而精通巫術的道路，永遠都會是一巫獨行的道路，一直以來都是如此。巫術之道是條你為自己鑄造的路，鑄造就是行走。在這條路上，巫一直都是一個人，但也從來不是真的一個人。因為精通魔法是關於連結魔法之力本身，以及你選擇怎麼把它融入到自己的生活之中；這是你如何跟神靈、神聖、他人還有你自己牽絆在一起，以及你如何經驗巫術的奧祕。

在這層意義上，沒有一個適用於所有情況的正確答案，就像我們全都是獨一無二的靈性存在與生命之力的展現。

你會在這整本書中發現一個關鍵的概念：對我來說，聯繫是巫術的核心。這也是我在上一本書中那麼強調靈能力還有冥想的理由，而在這裡，我也會嘗試以同樣的觀點教授魔法。很多人把禱告比喻成說話，冥想比喻成傾聽；我也用同樣的方式比喻魔法和靈能力。這四者聚在一起，創造了跟宇宙最真切的對話，在這個對話中，我們持著權柄、帶著服務的精神，共同創造著。

在「巫者訓諭」（the Witches' Rede）裡，有這樣一條建議：「目光柔軟、撫觸輕盈，減省話語、多多傾聽。」這個段落似乎在說，試著不要評判或嚴厲對待他人，行動的時候放輕力道，少說話、

---

3 unningham, Wicca.

多聆聽。或許這就是它確切想表達的，也是它全部想表達的。但是，在冥思這段篇章時，我獲得了其他的洞見。對我來說，這個段落也可以說明：巫在精通魔法的道途上，採取了靈能力（觀看能量或靈視時放鬆的凝視）和魔法（觸摸和操作幽微的能量）兩者平衡的路徑。也就是說，在與宇宙的對話之中，少說話而有意識地傾聽得更多。當然，這只是我的詮釋，而「訓諭」單純表示建議。不過我在這個詮釋裡發現了優點。這就是為什麼這本書中大多數的咒術和魔法的目的，都是以某種方式聚焦在靈能技藝上，為了深化跟我們周遭宇宙的聯繫——可見與不可見的——並認識到我們真實的意志（True Will），以及我們在存在的細密網絡中扮演的角色。

這本書是《魔法顯化》的延續，我會繼續分享我的理解、知識、經驗、洞見、方法、冥想和術法。請明白這些都是我個人的取徑與理解，不一定是每個巫或魔法實踐者的想法。找到跟你有共鳴的內容，然後融入你的魔法中；修改、調整它們；讓它們反映你的靈性道路、你跟魔法的關係，還有你跟靈界的聯繫。找到真的呼喚你的關鍵方法，並判斷如何讓它們成為你魔法中的一部分，應該每天、每星期、每個月，或者每個季節執行呢？透過分享我怎麼切入魔法，希望能激發你的靈感，讓你開始編寫自己的魔法儀式，或把新方法納入你既有的實踐中，當然，還有讓你能更嫻熟地施展有用的咒術。

某些方面來說，我跟多年前晃進玄學店的那個小男孩不一樣了。我曾經渴求神祕的知識和宇宙的力量；曾經大量吞食書本、練習施咒，一有機會就測試我的力量。我一直都在學習跟成長，也

希望可以一直這樣下去。當我回首人生，可以看見那無比巨大的求知慾一直都是引導我的力量；它帶領我到今天我所在的地方，而毫無疑問，它會繼續引領我前進。這股魔法的吸引力在多數巫的生命中都是種非常熟悉的感覺，無論他們或早或晚做出回應。如果你在讀這本書，那你非常有可能也感受到了這股拉力。

我常常把精通魔法的道路比喻成一條飢餓毛毛蟲的路。最終，單純只是累積知識和訓練已經不夠的時刻會來臨，你必須開始把所有獲得的知識應用在實踐中，把它紡成紗、編織成繭，把自己包裹起來，專注於內在。這麼做的同時，你對看見的自己、他人和世界會完全顛倒，就像塔羅牌裡的「吊人」，在世界樹上懸掛如蛾繭，如綴飾晃蕩。巫術本質上就是帶來蛻變的實踐，但就像繭裡的毛毛蟲，這是全然孤獨的經驗，對每個人都無一無二。我希望這裡能提供足夠踏實的基礎，幫助你編織自己創造和施展咒術的方法，並期許你會踏上蛻變的旅程，受到你直覺幽微而神聖的月光指引，解鎖自己生命的魔法！

如何使用這本書？

在傳授魔法和有效施術的同時涉及奧祕，是一項艱鉅的任務。主要原因是我們學習的很多概念，無法以線性思維的方式教授。從一個簡單的概念為基礎，往上堆砌建築，循序漸進：這是我們一慣的世俗教育方式。而在神祕學這個領域中，隨著在這條道路上前進、經驗累積、學到得更多，你會持續回到先前的概念和想法，並在其中發現更多不同層次的深度與理解。雖然神祕學方面的理解確實也像蓋房子，會隨著你進步持續往上加蓋；但也會不斷回到最基礎的概念和方法，再次複習時，這些基礎也得到了新的意義；這會改變一個人對原來看似初階的基本概念的理解。

這也是我寫《魔法顯化》時最大的障礙：要怎麼盡可能用線性的方式教授這些內容，卻不來回重複呢？而寫今天這本書，比《魔法顯化》還要再困難一點點。我決定繼續在《魔法顯化》裡教的，在我自己實踐中也運用的初步內容：其中使用七層現實、三個靈魂、三個世界、三只大釜這些概念；隨著本書內容前進，在七層現實中攀升，我會依照這個架構傳授創造咒法與施術的種種面向。也就是說，第一次讀這本書時，你執行了一道咒法，第二次再讀的時候，你會有更多工具和知識，能讓你更嫻熟有效地施展同一道咒法。

由於這本書中的魔法和內容，都跟我的靈性自我與宇宙觀緊密相關，也跟《魔法顯化》中視為基礎探討的概念與技巧密不可分，我想稍微複習先前的預備概念，同時帶入更多知識與理解會很有幫助。你會發現概念與概念開始彼此相互交織，形成一幅編織畫，展現出對魔法運作更縝密、更熟稔的理解。如果你是巫師初心者，可能會感覺這本書中有些內容比較進階，或是有你不熟悉的東西。如果遇到這樣的情況，請繼續往下閱讀，一切都會被解釋清楚的。例如，某個咒術可能會用到某個星座或行星符號，而相關主題在書中卻還沒探索過。我已經盡我所能試著用對初學者友善的平白語言，把一切解釋清楚，同時不把任何內容削減得太簡單來奉承讀者，或把你當成小孩。無論你的程度或經驗，我都希望你會不只一次閱讀這本書，而且每次都能拾起一些新的洞見。

第一章

擁抱巫的力量

Enbracing the Power of the Witch

如果只有那麼一件事是我最想要告訴你的，那就是：你的強大其實無法估計，即使在你生命中看似最弱小的時刻也是如此。有時候魔法會在我們最需要它的時刻來到我們身邊，在我們處於生命中最黑暗的地方之時。至少對我來說就是這樣。在我差不多六歲，還是個小小孩的時候，我終於安頓下來，跟我的新監護人一起生活。在那之前的三年間，我跟好幾個不同的親戚生活過，也待過育幼機構、扶養家庭。我的照顧者更換頻繁的程度，就像羅傑斯先生在電視上換新鞋的速度一樣。這樣的經歷讓我漸漸覺得自己沒有人要，彷彿我是他人的負擔。現在，終於有個我能叫「家」的地方了。然而，儘管終於穩定了一點，那卻是我生命中無力感最強的一段時光。但我的祖父和他的新妻，在一場蠻激烈的官司之後贏得了我跟我哥的撫養權；但我很快發現，即使我的生活整體上都有所改善，我的祖父是個在物理上、精神上和情緒上都非常暴力，而且控制慾很強的男人。

雖然已經有年紀了，他仍是個肌肉健壯、令人懼怕的男人。我的祖父很快地訓練我沉默；他的座右銘就是：「小孩是拿來看的，不是拿來聽的。」我們跟成年人說話一時，都必須以「先生」或「女士」稱呼對方——打破任何規矩都會有嚴重的後果。祖父對我哥哥比較沒那麼嚴厲，因為他比較有傳統上的男子氣概。相反地，我是傳統上被認為比較娘的孩子，對玩寶藏巨魔（Treasure Trolls）和彩虹小馬比對槍和卡車還要更有興趣。

當時我甚至跟人家自我介紹說我是「敏感男孩」！他常常說（聲音中帶著鄙視）我讓他想到我媽媽。所以，我學會沉默，學會當空氣，在別人面前縮得小小的。

　　有個回憶到今天還仍然清晰，就像昨天剛發生一樣；那件事改變了我的人生，為我未來會成為什麼樣的人創造了基本設定。詳細情況我已經不記得了，但那天學校老師因為我在學校的表現打了電話給祖父，可想而知，當時我在學校很難適應。但我清晰記得那天我下了公車，進入家門後發生的事：挨了一頓皮帶修理後，祖父告知接下來幾天他會替我向學校請病假。那一段時間，我只能待在房間床上，不能使用包括光在內的任何電力。為了保證這點，祖父關上了我房間的電源斷路器。我不能吃東西，除非被邀請；我也不能起床使用浴室，除非他進入房間發出許可。他無比認真地警告我，我最好絕對什麼也不要做，乖乖躺在床上，他要我明白他會定期來檢查。

　　相信你知道，這個年紀的孩童能量充沛、蹦蹦跳跳的，所以這對我來說非常煎熬，尤其當時我還很怕黑。所以，我躺在那裡好幾天，除了自己的心靈沒有人作伴，加上強制斷食，每兩天只吃一餐。雖然沒有一個小孩應該經歷這種事，但這件事讓我心中某種東西甦醒了：我發現我可以從手掌流出某種力量；如果我把雙手靠近，會創造出一顆看不見的能量球，讓兩隻手像磁鐵的兩端把彼此推開。我也開始感受到、看見房間裡有一些存在，他們大多只是經過，但也有少數一些會停下來觀察我一陣子，然後才離開。

　　作夢成為我這段時間的避風港，成為我逃離在床上孤單禁

閉的方式。我開始好奇睡著之後發生了什麼事。我是如何從清醒的意識狀態出發，進入夢的世界呢？這些思考讓我仔細觀察入睡的過程，並在意識轉換的時候變得清醒。在我的眼皮後方，我看見了像用水彩畫的彩色移動團塊，那些形狀會旋轉、創造出像是萬花筒曼荼羅的景象，然後在我眼睛閉上的時候開始占據整個視野，直到我完全開始作夢。如果我需要上廁所，但我又不能起來，我就想像祖父走進房間，告訴我可以休息一下、上個廁所。隨著練習，這個技巧變得越來越有效，直到我能夠在腦中呼喚他，接著他會在幾分鐘內進來。當時我還沒發覺，但我觸碰到了魔法，魔法也觸碰了我。我不再是同一個人了。

兩年後，經過一系列共時性徵兆，我拿到一本希薇爾・雷文沃夫的《騎著銀色掃帚》（*To Ride a Silver Broomstick*），之後我開始狼吞虎嚥地讀任何我能拿到的她的書。因為我的祖父母是宗教上極為保守的人，我必須保密這部分的生活。如果不那麼做，我的故事可能就完全不同了，這本書跟上一本書也很可能不會存在了。一想到如果我的書和藏起來的巫術用具被發現，或者我在那個時候愚蠢到誠實表現出對巫術的興趣，會有什麼樣的事發生在我身上，我就全身發抖。

回想當初在那個年紀巫術對我的吸引，我之所以完全沉浸其中有好幾個理由：首先，我發現自己有許多經驗不符合加諸在我身上的教條，而且我本來就對原本的宗教有所質疑了。再來，魔法成為了我的避風港，就跟許多人逃避到虛構和同好圈裡一樣。然而最重要的是，在我生命中最無力的時刻，力量的誘惑，是巫術

最吸引我的面向;而它確實也給了我力量,但不像是我剛開始探索時曾經期待的那樣。

我不記得正式試著施展的第一個魔法了,也不記在童年嘗試的期間,哪個咒語最先顯化;但我記得自己以不可撼動的意志力施下的那個咒語,還有它毫無疑問的成功。幾年過去了,我施了一個魔法,讓自己永遠免於被祖父的心態霸凌;那個咒語是希微爾．雷文沃夫《少年巫師》(Teen Witch)書中「霸凌青蛙驅逐咒」[4]的改編。一週之內,咒語應驗了。祖父來到我房裡,本來要給我一頓毒打,我記得,自己蜷縮在床邊的地上,而他巨大無比俯視著我,手中捏著皮帶;但他身上突然有什麼改變了。他凍住了幾秒,嘆了口氣,然後說:「你沒救了。我甚至不能把你打醒。」他掉頭離開我的房間,回到客廳坐回他的躺椅上。至到今天,我還是不明白為什麼他會有那樣出乎預料的行為,跟平常完全不同。當夜稍晚,他又說起了平常用來威脅我、操控我情緒的話:「我發誓,如果你不正常一點,我一定會打給社工,叫他們再把你帶走!」這樣的伎倆多年來一直很有效,唯一比祖父更讓我害怕的,就是必須再次回到社會扶養系統這樣的想法。

然而,這一次沒用。我記得當時有股幾乎摸得到的力量來到我身上,突然我充滿勇氣。就像大衛王正眼俯視巨人歌利亞,我帶著過去人生從沒體驗過的集中力量,用極其冷靜的聲音說:「打啊!」我整個存在的每一吋都是認真的,而那份堅定不移確實地

---

4 RavenWolf, Teen Witch, 208.

傳達了。我記得他的驚訝還有表情。但他再一次試探我，說道：「我現在就打給她。」同時把手伸向電話，用挑釁的眼神盯著我看，希望我會讓步。但我毫不退讓。我的反應讓他憤怒無比，馬上在我面前打了電話。我安靜地在腦海中祈求大女神讓我能逃跑，而不是再落入扶養中心。幾天之後，負責我的社工來了。她通知我：我爸爸住在南加州的兄弟同時也跟他們聯絡，表示他跟他的妻子會收留我，直到我父親的訴訟官司結束，重新取回撫養權。

反霸凌咒法生效了。我對大女神的禱告也成真了。魔法真的有用。透過巫術，我意識到自己不用是我人生故事裡的一個被動角色、受害者，完全被機運挾持；我發現我可以成為自己人生故事的作者，指揮它的方向和發展。巫術持續改變著我和我的人生，你也可以從中獲得這一切。這就是為什麼我那麼熱衷分享和教導他人魔法；這也是為什麼我寫了這本書：目的是和你分享從我最初對巫術產生興趣以來學到的事物，加上我的觀察、撇步，還有各種疑難雜症的解決方法。我要你掌握你人生故事的敘事權，尤其是一切看似絕望、一切彷彿都在跟你對抗的時候。我要你跟我一樣，讓巫術賦予你力量。

✦

魔法的奧祕

在巫術中，有一個詞叫「奧祕」（the Mysteries）。奧祕，是你透過經驗而體悟、體現為現實的重大真理。你可以透過理智或多或少了解神祕，但只有在直接經驗之後才能真的完全理解。將神祕

當作體驗的說法中，最好的一句引言來自法蘭克‧赫伯特的小說《沙丘》（Frank Herbert's *Dune*）。小說中有一段，主人翁保羅‧亞崔迪在跟門塔特杜菲和亞崔迪家的守衛長對話。在《沙丘》宇宙中，門塔特是接受過特殊訓練，發展出使用心智能力進行複雜運算的人，因為電腦被人類視為「會思考的機器」而被禁止。在小說和續集裡，有個由修女般的女人組成的祕密組織，名叫「貝尼‧傑瑟雷特」，其中成員經歷了肉體和精神的錘鍊，所以發展出超人般的力量，還有類似魔法的靈能力，因此她們常常被他人稱為女巫。保羅告訴杜菲他跟貝尼‧傑瑟雷特的修女長之間的對話：「她說，人生的奧祕不是留待解開的問題，而是需要被經驗的現實。所以我引述了門塔特第一律法回應她：『理解過程不能透過遏止來理解。理解必須與過程一同移動，必須加入其中與之同流，才得以發生。』這似乎讓她很滿意。」[5]

　　巫術耆老之中流傳的一句智慧格言說道：「守護奧祕；經常揭示。」所以，在我們進一步探索巫術之前，我想要揭示一道會在本書中多次重複的巫術之道偉大奧祕。準備好了嗎？你可能要坐下來聽。來囉！我等是為一，而一切是為你。就這樣。是不是很不驚人？我確定你期待著比這個更深的奧祕；某種更神祕、祕密的事物。然而，我經歷的讓我相信所有巫術和魔法都是基於這個奧祕。那麼，這到底想表達什麼呢？要分解這道奧祕，讓我們來談談巫術是什麼吧！每次我被採訪，最常被詢問的一個問題就是：巫

5 赫伯特，《沙丘》，頁40。

術是什麼或不是什麼。你或許會認為那是個簡單的問題，但其實不是；這是因為巫術種類非常多樣，還有並不存在一個巫術教皇告訴我們巫術官方說法是什麼或不是什麼。但一定有些什麼是所有巫術統一共有的。對我來說，答案跟我剛剛揭示的奧祕有關。我瞭解到巫術是一門聯繫和關係的技藝，以因果原則與各種聯繫與關係合作，創造內在與外在的改變。

巫術透過聯繫鑄造關係。現實可以被視為以層層堆疊的方式存在；這個想法在神祕學中最基本的展現形式是大宇宙跟小宇宙的概念。接著讓我們看看人類的身體與心智來闡述這點。我，麥特・奧林，是個獨立自主的個體。我的體內是個由許多獨立活細胞組成的小宇宙；如果我可以跟體內其中一個細胞說話，我可以肯定它一定對我這個整體的真實身分沒有概念。如果告訴它：它跟其他細胞都是同樣的細胞、同樣的存在，它也很可能會反對，就像你我會同意彼此都是不同的個體，不是同樣的人類。然而，細胞是一精密系統的一部分，在更大的層次上組成了我，無論它們有沒有意識到這點，這都是事實。

同樣地，你我也都是系統的一部分，系統在更高的層次上形成了更大的意識形式。這是個宇宙萬物共享的真理，可見和不可見、物理和非物理都是，不僅僅是我身體裡的細胞，人這個整體亦然。所有事物都和其他一切相互聯繫在一起。當我們把距離拉遠到大宇宙，所有事物都結合在一起了；而當我們聚焦在小宇宙，一切都區分了開來。然而，在現實最根本的程度上，我等為

「一」;為「全」。個體分化和整體合一在現實與意識的各個不同層級,以重複的樣式不斷發生。這個想法就是赫密士主義箴言「如是在上,在下如是。如是在內,在外如是。」(As Above, so below. As within, so without.)

那麼,巫術就是在調整自己,即是以較小的個體,也是更大的、一致的力,接近並聯繫宇宙中的萬物——包括我們內在的事物。我們建立並強化關係,為來自己和他人相互帶來好處,也影響改變了大宇宙與小宇宙。這個概念還算簡單,理智上還能夠把握,但確實在靈性上實踐執行、產生經驗後,它會獲得不同層次的嶄新意義。因為這個原因,很多巫者相信並實踐萬物有靈論。我們把所有事物都當作天生獨立的靈魂對待,不管是一株藥草、一顆石頭、一位非物理的意識體,或甚至你的一雙鞋。這樣萬物有靈的視角,承認生命的精華內涵在所有事物之中,也是它們各自獨有的。在巫的眼裡,所有事物在一定程度上都有意識;所有事物都能連結,並能鑄造關係,彼此幫助。

練習1
定錨(接地技巧)

在我們繼續討論任何魔法之前,首先有個很重要的練習必須介紹,那就是接地。接地能幫助我們避免使用能量後對身體系統造成過多負擔,它能在實作任何種類的冥想、

▲ 定錨接地技巧

魔法或能量練習前，讓我們保持平衡、安全、健康。在任何情況下，如果你因為環境感覺有點無法招架或能量耗盡，例如處在非常吵鬧的地方，或感覺有點飄飄然，這個技巧也很有用。接地應該在任何能量操作的前後執行，從施魔法到冥想、到靈能解讀都是。忽略不做，長遠下來將會產生問題。

　　首先開始盡可能放鬆。想像一條管子從你的腳底往下延伸。如果你坐在地上，可以想像管子從大腿兩邊往下走。這兩條能量管進入大地，連接在一起形成迴圈；並從那裡持續形成一條鎖鏈，深深垂降到大地裡。在鎖鏈底部，想像一把錨；感覺錨沉入地下非常堅固厚實的地方，讓你安全又穩定。告訴自己任何超出適當範圍、對你健康不利的多餘能

量，都會自動從你的身體和能量氣場流出，沿著金色的鎖鏈和錨回到大地，就像電流沿著避雷針往地裡去。當你感到能量或情緒上難以負荷時，就把它送出你的身體，經過雙腳和鎖鏈進入大地，強化它並賦予它力量。

使用完任何魔法技術、冥想或能量操作後，再次接地，觀想並告訴自己任何超出適當範圍、對健康有害的多餘能量都離開你的身體和能量場，再次進入接地鎖鏈。然後觀想能量鎖鏈融化到大地之中，幫助大地療癒，並分享給需要的人。

練習2

當下的心（聚焦中心的技巧）

接地之後第二個重點能量技巧，是回到自己的正中心。聚焦中心跟接地常常被放在一起，因為它們時常理所當然地一起使用。然而，理解它們的差異具有核心意義；在教冥想跟能量操作的時候，我也喜歡把不同技巧拆開來，讓學生對整個過程有更好的感受與理解。這個練習的目的是，讓你對自己所在之處和更廣大的靈性現實之間的關係有所意識，因而獲得有利施術的視角。這個練習也能確保你的思緒和能量集中、頻率良好，不會飄移、散落一地。

✦

物理上存在的物件對魔法是必要的嗎？

我在《魔法顯化》中提出，施展有效的魔法，唯一需要的就是你心靈的力量。經常有人問我：既然我們只需要心靈就能有效施展魔法，為什麼還有人使用蠟燭、藥草，以及其他可以摸得到、物理上存在的東西呢？誠實的答案是：使用各種東西施法比較容易（這些東西在魔法中被稱為「媒材」〔materia〕）。學習操作能量、不使用物質物件施法，會讓你使用媒材施法時更有力量。

然而，心靈表層意識只有一定的儲存空間，就像電腦上的記憶體一樣。你心靈上在意的事越多，集中心智能量與靈能量來施法就

越困難。在魔法中使用媒材時,我們釋放出了內在記憶體的部分空間,並運用這些釋放出來的空間進行更繁複的儀式與咒法。

另一個理由在於,我們是由許多不同的部分組成的;很多巫術傳統把這些部分稱為「三個靈魂」,由小我(Lower Self)、中我(Middle Self)、高我(Higher Self)組成。在儀式中移動、拿著咒術物件、運用工具、點燃蠟燭,都是在讓小我參與其中。這麼做可以讓我們動物性的層面跟儀式意念一致,也可以作為專注焦點的物件,幫助我們把自身所有部分帶進手邊正在執行的魔法工作。

練習3

步行神合

這是一個步行式冥想與能量練習,我已經持續操作了整整超過二十年了。這個練習簡單到不行,但某些最簡單的練習和儀式可能是最有力量的。承認與感謝是建立關係最基礎的步驟,而這個練習就是透過致謝的方式建立自我與他者的關聯。技術純熟的靈能巫師能夠順暢轉換視角,從萬物合一到分別的個體,並能夠依照個人的魔法或靈能需要進行轉換。在這個練習中,我們會透過意念與感謝發送祝福。

去散步時,花點時間慢慢走。在心中跟路上遇到的每一棵植物、每一隻動物、每一個人問好;感謝他們在整個星球更大的體系中扮演的角色。在心中祝福他們健健康康、身

強體壯、幸福快樂。不要只是在腦中想，試著在內在找到你真心感到感恩與愛的地方，並把祝福投射到他們身上。

還有一個很適合融入生活的改編版本，也就是在日常生活中花點時間，把每天在家裡或工作中遇見的事物當作獨立的個體感謝。感謝它們在你生命中扮演的角色、感謝它們帶給你的各種幫助。一開始可能會感覺很蠢，但你其實正在把自己生命中的這些事物視為大靈的展現，獨立於你，而你每天與它們互動，跟它們說話、致謝。這是對自己的生命施加魔法重要的一大步！

咒術 v.s. 禱告

有時候咒術被比喻成禱告，其中有幾分真實，兩者之間確實也有重疊的地方。但是，我對這兩者的定義有些微的不同。理解禱告與咒術之間的差異，可以幫助你理解有效施術的奧祕。讓我們先從類似的地方開始吧！禱告和咒術兩者都是運用玄祕或靈性的方式，來顯化結果或目標的方法。對我來說，它們的相似處就到此為止。

讓整件事更令人費解的是，一群人視為禱告的，另一群人可能會視為咒術，反之亦然。例如，一名虔誠的基督徒會用《聖經》中的一段詩篇來祈禱，而民俗魔法師可能會用同一段詩篇施咒。那

麼，到底是什麼讓一個是禱告，而另一個是咒術呢？讓我們用一個隱喻來釐清差異吧！

禱告跟咒術兩者都好比開車前往你的目的地：禱告是祈請一位神靈——無論是神祇、神靈、聖人或任何存在——來幫你開車，並相信祂們知道前往目的地的最佳路徑。你知道那句話吧？「耶穌，方向盤給你。」這就是禱告的完美例子，也完美符合我們的隱喻。藉由禱告，你在請神靈為你做主要的努力，相信祂們知道讓你抵達目的地的最佳方式。你在過程中扮演著消極的角色。用我們的隱喻解釋，也就是你坐在車上的乘客座位，僅僅要求你希望車往哪裡開。

而藉由咒術，你成為了達成目標的積極參與者。你就像坐上了隱喻中的駕駛座，負起責任、直接參與。即使在咒術中牽涉到其他神祇與靈，目的仍然是跟你合作，但你是直接操作能量的人。在這層意義下，神靈是你的導航，指引你方向但不幫你開車。

換句話說，禱告通常牽涉到祈求——那是從謙卑與臣服出發的請願；你在請求有靈智與生命的力量，無論神或是靈，根據你的請求執行祂們的意志。根本上，你在請祂們依照祂們認為適合的方式，為你做你想達成的事，並相信祂們知道用什麼方式達成目標對你最好。而即便在咒術中祈請更高層次力量的協助，也是為了讓你與祂們的意志合一，因此不像禱告一樣是件被動的事。

比起大多形式的禱告，咒術中含有更多巫者自己的意志與能量。不過從更深的層次來說，巫也明白自己是宇宙心靈、星之大女神的一部分，或任何他所定義、賦予一切生命的最終存有的一

部分，即使在涉及崇敬與禮拜那份力量的咒法中也是這樣。巫投身於他們自己的神性、抓住自己的權柄，並將自己的意志與能量跟任何在咒術中呼喚的神祇或靈編織在一起。我不是在說禱告在巫的生命中沒有它自己的位置，或禱告不像咒術那樣強大；禱告絕對有它的位置也非常強大。只是禱告未必會照著你預期的時間或結果實現。

不過，在被動或積極的能量工作中，禱告跟咒術之間的界線可能會變得模糊。舉例來說，在阿帕拉契的民俗魔法傳統下，有一種被奧利昂・法克斯伍德（Orion Foxwood）稱為「真實禱」（praying true）的禱告技術，其中禱告者與神性合而為一，同時是「造物主與造物」[6]。我們也可以看見這項真實禱的技巧以禱告的形式運作，例如在靈恩派基督教（Charismatic Christianity）裡，禱告被用於呼喚聖靈，而崇拜者被賦予了權柄，代表聖靈也代表聖靈執行奇蹟的器具。在像是賓州巫術（Braucherei）[7]和美國胡毒（American Conjure）[8]這些民俗魔法傳統中，也可以見到同樣的情況：禱告與詩篇時常跟象徵性的動作配合，模糊了禱告以及會被視為咒術的事物之間的疆界。

對我來說，禱告與咒術之間最大的差別，在於合一與分離之間的關係，還有這兩者制高點視野的不同。禱告是以你所祈求的力量的視角出發，也就是那些你所認可，同時視為獨立於你存在的力

---

6 Foxwood, *Mountain Conjure and Southern Rootwork*, 79-80.

7 RavenWolf, *HexCraft: Dutch Country Magick*.

8 Bogan, *The Secret Keys of Conjure*.

量;你是從一個有需求的立場提出要求,而祂們也會決定實現你的要求合不合適。也就是你從小宇宙,向大宇宙提出請求。而咒術的視角,則來自你自身神性的行動,來自將你自己與神聖的大宇宙視為一體。在呼喚神靈的祈願性咒術中,兩者的界線會模糊:術者經常會以個人的權柄與力量施法,但也同時對他視為獨立於自己的力量提出要求,並與其合作;術者會承認這些力量的神性,但也明確告訴祂們自己要的是什麼、希望目標如何實現。我在這章開頭分享的故事中,就為了類似的目標同時運用了咒術和禱告兩種方法。為了闡釋禱告和咒術之間的相似與差異,讓我們分別來實行看看,感受一下這兩者對你來說有什麼不同。

祈福禱告

指導靈、盟友、祖先與諸神啊!
請賜我指引,指引我找到我的禮物
請賜予我祝福,賜我一天的祝福
賜予我理解,讓我理解那真實意志的路
賜我守護的祝福、財富的祝福
幸福的祝福、健康的祝福
智慧的祝福、平靜的祝福
來自東、南、西、北四方的祝福
讓我意志的功業因此不被阻撓
讓我的影響在被需要之處帶來幫助

靈能巫者力量尋回儀式

魔法吉時：晚上，最好的時機是滿月；你的生日也是非常棒的時機！

媒材：

- 1支小號白色長蠟燭
- 五指草（cinquefoil）

目的：這個儀式的目的是喚回你身為靈能巫者的力量。生命中，力量被他人拿走是很常見的事；有意識或無意識地把某些面向的自我或自己的能量交出去，交給其他人、場所或時間中特定的事件，也都很正常。執行這個儀式，你就能喚回自己完整的力量，把它抓回來，宣告你身為自己故事作者的能力，並在人生故事的進程中成為王者。這個咒法只需要一支白蠟燭和五指草；五指草在魔法中經常被用來以它們的「五根手指」來「抓取」事物。

作法：用一根釘子或其他尖銳物，在白蠟燭的一邊刻上自己的名字。如果你有魔法名，或其他人生中為人所知的名字，像是「死名」（dead name）或娘家名，或過去婚姻留下的名字──全都可以跟著自己的名字刻在蠟燭上。用五指草圍繞蠟燭畫出一個牢固的圓圈，半徑約兩英寸（譯按：大約五公分）。接地，聚焦中心。點燃蠟燭，然後說：

以點亮的蠟燭在今夜
我要回與生俱來的權。
就在此時，就在此地
我喚回我的巫者之力。
一如吸引飛蛾的月之柔魅
我也誘惑力量和靈視回到身邊。
我喚回自己的氣血，無論它在哪裡
在人身上、物件或大海裡面。
我抓住力量來塑造命運
就此接受我王權的冠冕。

練習 6

內在靈視開啟符文

勞拉・坦佩斯特・薩克洛夫（Laura Tempest Zakroff）作

魔法吉時：新月至滿月

媒材：

- 藍色或紫色的蠟燭（建議使用矮小或長的祈願蠟燭）
- 麥克筆或用來在蠟燭上刻符文的工具
- 你最喜歡的油，用來塗蠟燭還有祝福自己

目的：這個符文的設計理念是幫助你清除可能妨礙你使用內

在靈視的障礙，無論是情感上或心智上的。它提供了穩固的基礎、防禦、支持、清晰與方向——同時幫助你清理阻礙。

作法：符文有很多運用方式——可以用在身體上、放在祭壇上、作為冥想的專注點、編入其他咒法中，或用在任何跟意念與焦點一致的場合。

　　最簡單方便的作法之一，就是把符文納入蠟燭魔法中使用。這個咒術可以單獨使用，也可以用來當作占卜或類似活動的準備工作。

▲內在靈視開啟符文
勞拉‧坦佩斯特‧薩克洛夫　作

雖然你可以影印這個符文貼在燭臺上，但最好的作法其實是直接把它刻在蠟燭上，這樣你就能感受到線條跟形狀中的能量。從中間的圓形開始，然後是弦月、三角形、雙重螺旋，接著刻劃三角形上方的星形，最後是下面的三個點。把蠟燭放在結實的燭臺裡。然後用你選擇的油塗抹、祝福自己的第三眼、雙手手腕的內側，還有蠟燭上的符文。在蠟燭前面安定下來，並點燃蠟燭。用可以同時在視野中看見符文跟火光的方式，以鬆弛的目光凝視蠟燭，雙眼保持放鬆／失焦。閉上眼睛，看見光在你的內在越來越亮，不斷擴大直到充滿全身。如果接下來要進行占卜，感覺準備好的時候就張開雙眼開始占卜。在占卜過程中讓蠟燭盡可能長時間燃燒，或憑感覺需要決定燒多久。

練習7

巫者之輪智慧符文

魔法吉時：任何時刻

媒材：

- 1張紙
- 書寫工具
- 巫者之輪的描線圖、列印或影印圖（網路上很容易找到）

目的：巫者之輪是創造符文的簡單方法；在這個練習中，我們會用它來創造一個獲得智慧的符文。你也可以用這個方法創造任何象徵你渴望事物的符文。雖然跟其他方法相比，這個方法或許沒那麼直覺或有創意，但這是我第一個學到的作法，所以想跟你分享，而這也可能是現有最快的符文繪製法。

作法：第一步是寫出一個簡短的句子，陳述你的意念。陳述越清晰、精簡、越短越好。我們這裡的意念是提升智慧，所以「INCREASE WISDOM」這樣簡單的陳述就非常完美了。在巫者之輪中找到「I」，在上面畫個小圓圈，然後從圓圈拉出一條直線，連接到下一個字母，忽略字母之間的空間。在最後一個字母「M」畫一條橫線，完成符文。

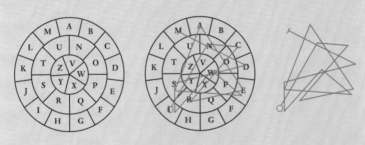

▲ 用巫者之輪創造符文

用史貝爾符文法魔法賦能

魔法吉時：任何時刻都可以，但滿月更好。

目的：這是最有名的符文繪製技巧之一，由藝術家暨神祕學家奧斯丁·歐斯曼·史貝爾（Austin Osman Spare）創造。在渾沌魔法領域裡極具影響力的史貝爾宣稱，自己一開始是從一位名叫佩特森女士（Mrs. Patterson）的年長女性那裡學到了魔法；根據他的說法，佩特森女士來自塞勒姆（Salem）在獵巫審判時期沒被抓住的巫者一脈。這個說法在歷史上不太可能是真實的，因為我們知道塞勒姆獵巫審判的受害者不是真正的巫師，而是大眾歇斯底里將狂亂加諸他人的牲品，也沒有證據能夠證實這樣一名女性的存在。就像其他巫師與魔術師的歷史宣稱一樣，有兩種主要的可能：第一種是史貝爾為了賦予自己的魔法正統性，所以杜撰了這個角色。另一種可能是——我不認為這點完全可能——佩特森女士（他親暱地把她稱為自己的「巫母」）確實存在，但可能是靈體或思念體，而不是跟他互動的人類。無論如何，史貝爾的方法一直以來都大受歡迎，因為非常有用，而巫使用有用的事物。

作法：不同於巫者之輪，你的意念陳述在這裡必須非常清晰，應該要是個完整的句子，以「我的意志是……」（It is

my will...) 開頭，然後非常明確地表達你要的是什麼，避免使用任何否定字眼，像是「沒」、「不」或「絕不」。使用這個方法可以避免術法走火或以不想要的方式實現，確定自己的意念陳述清晰明確非常重要。因此，在這個例子中，我們要做一個用來賦予自己魔力的符文；但我們要確定這個魔法賦能不會對自己造成傷害或以負面的方式顯化。知道了希望符文避免的情況後，我們就可以再次用正面的話語寫出意念陳述。如果我們用這句話作為符文的基礎：「我的意志是以安全、健康、平衡的方式獲得魔力的加持。」(It is my will to be magickally empowered in a manner that is safe, healthy and balanced.) 接著劃掉所有重複的字母，最後剩下：GKPF。

**IT IS MY WILL TO BE MAGICKALLY EMPOWERED
IN A MANNER THAT IS
SAFE, HEALTHY, AND BALANCED**

~~IT IS MY WILL TO BE MAGICKALLY EMPOWERED~~
~~IN A MANNER THAT IS~~
~~SAFE, HEALTHY, AND BALANCED~~

GKPF

▲ 決定你符文使用的字母

接著使用這些字母組成一個單獨的符號。完成之後，運用我們的藝術創意美化它，直到完全無法辨識原來字母的樣子。第一次創造符文的時候，完成寫出意念陳述並刪掉重複字母的步驟非常重要，理由在於：你首先積極使用你的左腦——邏輯與分析的區塊，然後轉向讓右腦也參與其中，帶入你的藝術和直覺能力，把原來的意念陳述從表層意識能夠理解的事物轉譯成能夠牽動淺意識的東西。第一次完成這些步驟之後就不用再重複了，只要直接畫出符文就能使用。

▲ 把字母轉變為符文

巫字母表

底比斯文書（Theban Script）是一般被稱為「巫字母表」的魔法字母系統。首次發表在特里特米烏斯一五一八年所寫，介紹魔法字母的《密文書》（*Polygraphia by Trithemius*），後來再次在康尼瑠斯·阿格里帕的《神祕學三書》（*Three Books of Occult Philosophy by Cornelius Agrippa*）中被介紹。阿格里帕這套字母的創造歸功於底比斯的洪諾里烏斯（Honorius of Thebes），這也是它被稱為「底比斯文書」的由來。底比斯的洪諾里烏斯是中古世紀的傳奇暨神話人物，傳說天主教會摧毀歐洲各地魔法著作的時候，有一團魔法師和巫師聚集在一起，把他們的神聖文本跟魔典翻譯成密碼，防止宗教審判官造成損害。他們在彼此之間選出了洪諾里烏斯作為大法師，於是他創造了這套新的密碼，並且在天使霍克洛愛爾（Hocroell）的協助下，用它寫下了七卷記載最高魔法技藝的書稿。傳說這七卷書裡的魔法過於強大，因此只被託付給寥寥幾人[9]。

神祕學家大衛·高達（David Goddard）在他的《天使的神聖魔法》（*The Sacred Magic of the Angels*）一書中指出：底比斯文書是種天使文書，並且似乎跟有著月亮性質的存在有所關聯。底比斯文書後來在 1801 年再次隨著法蘭西斯·巴雷特的《魔導士》（*The Magus by Francis Barrett*）這本書出版問世；巴雷特振興了人們對阿格里帕作品

---

9 Jenkins, *The Theban Oracle*, 23-31.

的興趣，而自巴雷特著作以降，許多巫術傳統與神祕組織都開始把底比斯文書納入自身魔法當中。從那時起，一本又一本的魔典和陰影之書開始以這套魔法文字寫成，巫者也在魔法中廣泛使用，把它刻寫在工具或蠟燭上，也用來書寫對不同神靈的祈願文。儘管我們可能永遠無法知曉這套字母真正的根源，但已知的是至少從一五二八年它第一次出現在《密文書》開始，持續被無數魔法師使用著。這不只顯示了使用這些字母背後有著顯著的效果，也表示它們以思念體的形式不斷重複地被用於魔法，因而累積了龐大的魔力。

A	B	C	D	E	F
G	H	I/J	K	L	M
N	O	P	Q	R	S
T	U/V/W	X	Y	Z	End of sentence

▲ 底比斯文書——巫字母表

做一個代表自己的人偶

魔法吉時：任何時刻，新月更好。

媒材：

- 布料與棉花（或者在網路上購買人偶素胚，大多巫術玄學用品專門店也有賣，而且很便宜）
- 針線
- 1 小張方形的紙
- 你自己的個人連結物（譯按：例如頭髮、指甲、體液）
- 開啟你內在靈視的符文
- 巫者之輪的智慧符文
- 用底比斯文書寫下的你的名字（或魔法名）

目的：「人偶」是「娃娃」的別稱；在魔法中使用娃娃的歷史很可能跟魔法本身一樣古老，這種作法遍及埃及、加爾底亞、希臘、羅馬、中國和非洲與歐洲一些地方。創造代表自己的人偶是對自身施法最有效的方式之一；人偶會成為某個特定之人的代理，在這邊它代理的是你自己，因此任何你對它使用的魔法，也都施加在你自己身上。在眾多情況下，對一個目標物施咒比對我們自己施咒要來得容易；而人偶作為我們的能量鏡像，正好能幫助我們彌補這點。人偶運作的原理是交感魔法（sympathetic magick），也就是你宣告某一件事物等同於另一件事物的魔法。這邊同時也應用了「接觸

魔法」(contagion magick)：接觸魔法會在兩件事物之間建立能量連結，因為使用了來自目標身上的東西，像是頭髮、血液、唾液、簽名或目標擁有的某個物品。這些物件也被稱為「私人媒材」(personal concerns)、「標籤吊牌」(tag locks)或「個人連結」(personal links)。因為這是代表你的人偶，一定要好好照顧它，確實把它收藏在安全的地方，避免其他人亂動。也要確定所有在你的人偶上執行的魔法都是分別施加的，因為你不會希望同時用多個不同的咒法讓人偶超載；每次專注在一項魔法是比較好的作法。

作法：首先創造神聖空間，可以畫立魔法圈，或建議使用本書稍後會教的三重空間開啟法。如果你比較有藝術細胞，可以開始把人偶拼裝起來，但不要完全縫起。如果使用人偶素胚，先把它剪開（一般開口在背面屁股的位置）。把你的個人連結物跟用底比斯文書寫出來的名字、開啟內在靈視符文、巫者之輪智慧符文都放進人偶中，然後縫起。製作人偶的期間，保持專注在當下的工作及你的意念。人偶完成準備好注入力量後，把它握在手中，說出以下咒文並觀想它發著生命能量的光：

> 巫者氣息，降臨於你
> 人偶不再，變換形體
> 以風以水、以火以地
> 新生孩子，快快甦醒！

以神聖之力

在我內外

以巫的話語，聆聽諭令：

（名字）是你的姓名。

此時此刻，就在今夜

你我之間，細綁聯繫

對你所做，就是對自己

同等施法，同等降臨！

對著人偶的臉吹氣九次。從現在起，任何你對人偶施下的魔法同時也會發生在你身上。

如果未來要處理掉人偶，做出以下宣告，觀想它的能量光芒越來越弱：

曾經你有過姓名

曾經我們同是一體

能量連結我現在收回

普通人偶你即刻回歸

然後把它剪開，拿出所有放進去的個人連結物。

咒術殘餘

做完咒術後剩下來的媒材要做什麼呢？嗯，這要看情況而定。首先必須考慮施行的咒術性質：是為了喚來某些事物嘛？還是為了驅逐、弄走東西？接著要思考咒術是長期儀式還是短期工作。舉例來說，找到新工作的咒法很可能是短期術式，而祈求智慧和內在明澈的則比較可能是長期工作。下一個需要考量的是，咒術中用了哪些物件。最後，但也非常重要的一點，也就是思考丟棄媒材會造成的環境影響。

如果咒術的目的是喚來想要的東西，我會盡可能把殘餘保留下來。我會把剩下的媒材，包括殘蠟，放進魔法香囊或咒瓶裡，並以這種方式完結術式，為咒術帶來額外的力量，並維持它在家中的能量。如果是長期或永久類型的咒術，這麼做就尤其有道理。如果是有期限的咒術，我會在它開花結果之後用適當的方式處理掉媒材。

如果媒材可以重複使用，例如水晶或其他工具，我會使用本書稍後會教的能量堆肥技術回收能量。如果我要丟掉殘餘，我會把雙手放在物件上，感謝它們的協助，並宣告它們的魔法使命已經達成了。通常我會說類似這樣的話：「羅勒之靈，謝謝你在儀式中的幫助。我們的工作目前已經完成了，我向你獻上感激與祝福。願我們之間永遠只有和平。」

接著我會把食物媒材放進堆肥箱，回收紙類和玻璃（例如蠟燭的罐子）；如果紙張被用來除去某些事物，我會另外把它放在大鍋裡燒掉。藥草的部分，如果目的是吸引或顯化，或是防禦，我都會把它們撒在或埋在前庭；用於長期咒術的藥草，則撒在或埋在後院。在撒下藥草之前，記得注意一下你所在地的生態環境，確保撒下的藥草不會傷害野外的生命。不管把藥草放在庭院哪裡，我都會祝福它們未來的發展，例如：如果做了一個金錢咒術，處理剩下的藥草時，我就會說些類似這樣的話：「願這些藥草祝福我們家，帶來興榮繁盛的能量。」

　　如果藥草用於驅逐事物，我會把它們丟進推肥箱。任何鹽──所有鹽都要另外丟掉。請永遠不要把鹽撒在地上或埋進地裡，這樣會傷害土壤；尤其用鹽畫魔法圈的時候要特別注意，請永遠都不要在任何土地上用鹽畫魔法圈。剩下的東西一率丟棄，但我會盡量把丟棄的事物減到最少。底線是盡可能善用資源，盡其所能重複使用，把浪費降到最低，物理上或能量上都是如此。

第二章

瞭解咒術原理

Understanding Spellcasting

只要能達到想要的成果，雖然說沒有絕對錯誤的施咒方式，但確實有些方法更加有效。我這麼說想表達的是：魔法就算不以特定的儀式進行，依然能夠獨立運作。很多人在不一定依照、完成任何傳統步驟的情況下，還是可以執行咒術、讓它們顯化。而具體明確的各種方法，例如改變意識狀態、找到各種方式運用你的想像力、真誠、激情、沉浸體驗，以及具備堅實的魔法目標、磨礪你的意志力和意念、跟媒材成為夥伴、保持沉默等，都對咒術的成功很有助益。雖然一開始這些資訊量聽起來非常龐大，我會帶領你一一走過這些技術的各個面向，不用因為這些許許多多的方法感到太有壓力。試著把這裡的資訊視為你可以納入自己實踐體系中的事物，以自己舒服的步調前進，然後觀察看看你魔法的進步。

✦

直覺即興

有時候在咒術儀式中不是一切都會依照計畫進行。你可能會忘了某些詞句、過程中少做一個步驟，或其他無法預期的事可能會發生。這樣的情況就曾經發生在我身上，如果你還沒遇到，終究也會遇上。不過不用擔心！現實的脈絡不會因為儀式過程中的某些失誤而開始崩壞，有事發生的時候，建議你就順著演下去。儀式有一部分是劇場表演，儘管觀眾只有你跟神靈。就像在觀眾面前現場演出一樣，如果忘詞或有意外發生，請相信你的直覺即興發揮。幾年前，我在「萬神聚」（Pantheacon）演講，那當時全美最盛大的異教與

巫術活動場次，在加州舉行。來自全國甚至有時是全世界的人，都會飛來參加巫術與異教界眾多作者跟老師的工作坊和團體儀式。在那場活動中，除了演講，我還要幫忙帶黑玫瑰巫術傳統[10]的儀式。

當時我很緊張，因為參與人數比我參加過的任何儀式都還要多，更不用說我還要幫忙帶這場儀式了。我去過一些有很多參與者的大型儀式，但這場更大，因為黑玫瑰巫術的儀式在「萬神聚」總是非常受到歡迎。讓這一切更嚇人的是，不只我過去或現在的老師和導師會出席，賽琳娜·福克斯（Selena Fox）也會到場！這讓我超乎想像地備感壓力。賽琳娜讓人感到壓力並不是因為她的人；剛好相反，她是我有幸認識最和藹可親的人之一了。我壓力山大是因為她是巫術界的傳奇人物：賽琳娜是讓大眾認識到巫術真實樣貌的主要功臣，驅散了關於巫術的偏見。在為美國現代巫師爭取法律權利與平等的奮鬥中——其中包括在威卡、巫或異教徒罹難軍人墳墓上使用五芒星為宗教紋章——她也扮演了歷史性的角色。不只是這樣，她實踐巫術和帶領儀式的時間，遠遠比我活著的時間還要久！我對這位巫術界耆老的尊敬程度可見一斑。

我有個小故事可以用來再次強調自己是如何緊張到了家：在前一年的「萬神聚」，我搭上了前往飯店大廳的電梯，活動是在大廳舉行的。電梯在某個樓層停下，然後賽琳娜進來了。她愉快地踏進電梯投出了友善的微笑，並按下了她要前往的樓層按鈕。那可能是我生命中唯一一次在某個人周遭完全失去語言能力。我的腦袋在「Holy shit! 是賽琳娜·福克斯！」還有要說什麼來自我介紹兩端急速折返跑；但在我的頭腦願意還我語言能力之前，她就離開電

梯了。回到現在，一年之後，我要幫忙帶一場儀式，但事前不知道她會來參加。完全沒壓力，對吧？

我們規劃在黑玫瑰巫術儀式中透過有線廣播系統播放音樂；音樂是那場儀式的關鍵元素，因為能在儀式過程中參與者繞著聖壇行走的部分，幫助聚集、累積能量。我們也把好幾副塔羅牌混在一起，正面朝下覆蓋在聖壇上，讓參與者之後到聖壇前隨機抽牌，得到訊息。不幸的是，根據我有過的儀式經驗，當好幾個人聚集大量魔力時，電子設備很可能短路。而這正是這天發生的事。

隨著眾人開始繞圈行走、聚集能量，聲音系統決定澈底罷工，當時甚至不是水星逆行！於是每個人都停下腳步，待在原地張望發生了什麼事；儀式的氛圍正受到威脅，聚集的能量也被打亂而暫停了下來。幸好，一瞬間的慌亂過去後，我馬上回到內心，感受直覺引導接下來該怎麼做；我有迅速反應過來真的是萬幸，不然整場儀式都有毀了的危險。我扯破嗓子呼喊，讓所有人都能聽見我的聲音：「Okay，大家，沒關係，讓我們快速做個 IAO 來聚能一下！」整間屋子很快充滿震震如雷的「EEEEEEEE AAAAAAAH OOOOOOOH」，然後我開始拍手創造節奏，所有人也跟著加入，並繼續繞著祭壇走，讓儀式能夠完成。吁！危機解除！後來很多人來稱讚我們，其中包括賽琳娜·福克斯。無論在你自己的咒術或儀式期間發生了什麼預料之外的打擾，用片刻的時間回到內心、聆聽直覺非常重要，然後隨著靈魂的引導，發自內心訴說。

提升直覺的柯拉奇魔法

史凱‧亞歷山大 Skye Alexander 作

魔法吉時：月亮落在巨蟹座、天蠍座或雙魚座時。

媒材：

- 剪刀
- 1 張海報板或厚紙板
- 雜誌或其他有色彩繽紛圖像的印刷物
- 膠水／漿糊
- 色鉛筆、麥克筆、蠟筆、顏料等等（非必要）
- 1 杯水（請使用透明玻璃杯，杯面上避免有任何文字或圖畫）
- 深藍或黑色布料

目的：我們都聽過這句話：「一幅畫勝過千言萬語」。要有效地執行魔法，必須能夠清楚地想像你的目標。在這個咒術中，你會創造一幅象徵靈能力的圖畫，用來提升你的直覺。這會讓你的左右腦同時參與其中，並強化想像力。操作的時候保持心靈專注在你的目標上——這過程也是魔法的一部分，你能投入越多注意力越好。

作法：從海報板或厚紙板上裁下一個方塊、長方形或圓圈，這會是你設計的基底，所以可以做大一點，符合你的需求（至少 4×6 英寸）。從雜誌或其他來源剪下象徵心靈力量、

直覺或其他內在感知的圖片，可以是月亮在海洋上閃耀、黑暗森林中各種形狀的陰影、超現實的景色、夢的符號、貓頭鷹、黑貓，或任何讓你有共鳴的事物。

在海報板基底上，把你選擇的圖像排列成你覺得對的樣子。你不用擔心你的藝術才能——真正重要的是連結你洞見的泉源還有天生的靈能力。當你對設計感到滿意時，就可以把圖片黏好了。如果想要，可以在創造出來的柯拉奇上寫下任何描述你意念的文字，或畫上符號。在設計上額外畫圖、素描或美化；也可以安裝上寶石珠、貝殼或其他跟你的目標相關的物品。

結束之後，開啟魔法圈，把柯拉奇正面朝上放在聖壇上（或放在其他平面上）至少一個小時。倒一杯水放在柯拉奇上，讓你拼裝出來的圖樣能夠映照在水中。然後用深藍色或黑色的布料蓋住水和珂拉琪，避免空間中的能量影響你的咒術。靜置至少一小時，隔夜更好。掀開布料，喝下轉印了圖像的水，並讓你創造的魔法成為自己的一部分。把柯拉奇放在能經常看見的地方展示，提醒你自己的目標。

找回平衡

還記得你第一次嘗試做菜的時候嗎？我絕對是記得的。那個時候我中學，班上打算舉辦派對，於是我決定做點餅乾。做菜會有多難呢？我打開嬸嬸的一本大食譜，瀏覽了一下材料和步驟，然後過度自信蒐集了所有需要的材料。嗯，大部分的材料。有兩樣東西找不到：香草精還有小蘇打粉。不過沒關係，反正對我青少年的腦袋來說，小蘇打粉放在餅乾裡感覺很噁心；所以我就想只要加香草口味的蘇打汽水就可以了，這樣感覺起來也沒問題。我決定加入更多的糖還有巧克力脆片，讓餅乾變得更好吃；而在我加糖之前，也沒有發現它其實是糖粉。我聳聳肩，以為使用不同類型的糖不會怎麼樣，所以我就把整包糖粉都倒進大碗裡。

要加入巧克力脆片的時候，我發現巧克力脆片也用完了。一定是因為我一個人的時候，不時溜進廚房抓一把偷吃的緣故。不過，我們一定會有一點其他類型的巧克力吧！翻箱倒櫃之後，我終於在櫃子深處找到一盒陳年巧克力。我從沒聽過巧克力瀉藥，不過巧克力就是巧克力吧？我的發現讓我充滿勝利的感覺，於是我把它壓碎並加到碗裡。然後呢？啊麵粉！我下了重手，直接倒進半袋麵粉。烤餅乾真是太簡單啦！食譜還說餅乾需要加什麼？喔對！雞蛋！又是一樣加到餅乾中聽起來很噁的東西，我腦中馬上想到了炒蛋。但食譜說要加，好吧，那可能我加一顆就好，這樣才不會在整鍋麵糊中加入太多早餐的滋味。

現在是時候把所有東西攪拌均勻了。當時沒有任何乾淨的湯匙，全部都泡在水槽裡等待之後清洗。於是我把手泡進洗碗機，撈出一隻攪拌匙，把它甩乾。看起來很乾淨了！接著我繼續用我不衛生的攪拌匙混合餅乾麵糊，心裡想著：等班上同學嚐到我美味的餅乾，一定會覺得很驚豔。把麵糊攪拌好後，我把它分成小坨，用手在餅乾紙上壓扁。

接著，指示說明要把烤箱預熱到華氏 375 度，等待大約十分鐘。可是我需要更快做好，所以我想到：只要把烤箱的旋鈕轉到最高溫，一定會更快烤好。非常合理，對吧？等待期間，我決定先去玩玩家庭版任天堂 64（N64）幾分鐘，等等再來看看。於是我留下廚房裡髒兮兮的大災難，跑到客廳打遊戲了。我打的遊戲超讚。真的超讚，以致於我沉浸在遊戲裡的時候，像被幽浮綁架的人一樣經歷了精神時光屋。可能過了十分鐘，或好幾個小時。我永遠沒辦法確定到底過了多久，因為小孩完全掉進電子遊戲中的時候，時間是不存在的。

直到消防警報開始發出驚悚的尖叫，我才衝進廚房，發現陣陣黑煙持續從烤箱裡冒出來，充滿了整個廚房。我急忙關掉烤箱的同時，我的叔叔和嬸嬸剛好也下班回到家了。接下來我花了整個晚上收拾殘局——公平的懲罰，畢竟我搞出了一團亂。不用說，沒人嚐到我的餅乾惡果。我們最後只好緊急出門到當地商店採買，到烘焙坊買了一些餅乾，隔天帶到學校。整批餅乾燒焦可能是件好事，不然我可能會在餵食同班同學瀉藥之後變成全校最不受歡迎的小孩！

有了這樣的經驗，我或許可以做出這樣的結論：自己做餅乾根本不可能；或其他人做得到，但我不行，因為我最初的嘗試失敗了。但是，其實是因為我當初沒有正確遵照指示，也沒有會烤餅乾、經驗豐富的人從旁協助我。我也沒有適當替換沒有的材料。因為自大，我以為烤餅乾很簡單，沒那麼必要照著配方做。

　　而完全依照書上指示做，也不總是會成功；當然，完全遵照食譜能做出一道標準的菜餚，但那不代表一定會符合我的喜好。不過隨著練習、實驗，依照我的喜好調整並做出適當的替代，最終就能做出為我的口味量身打造的成品。魔法就跟料理一樣，需要在遵循固定步驟與依個人偏好調整妝點之間平衡；學魔法也需要有經驗的人協助引導你成功施法。但這不表示你一定要找到正式的既存巫術傳統，或一定要當面接受訓練，雖然這麼做還是有很大的好處與優點。學魔法需要有人帶，指的是請知道自己在做什麼的人引導你方向，包括透過書本指引，而我希望自己能成為你的嚮導。

✦

魔法是一門學與藝術

　　「魔法是一門科學與藝術」──這道宣稱是我們通常用來指稱魔法的標準定義。自從阿萊斯特‧克勞利（Aleister Crowley）提出這個定義後，還出現了許多改編與變體。他把魔法定義為「引起符合意志之變化的科學與藝術」（"the science and art of causing change to occur in conformity with Will"）[11]。在這個情境下，科學指的是基於

過去的智慧，對魔法的理論、運作及實驗的學習研究。可以把它想成食譜的指示。藝術的層面，則是在說經驗、奧祕、個人靈魂的展現，還有跟魔法本身的連結。可以把這一部分想成是根據你的喜好調整、妝點菜色和擺盤。

巫著眼於平衡思想與行動、學習與實踐、研究與經驗、理解與應用。如果我們僅僅只是累積知識，卻從來不應用或實際操作，這份知識就不會有太大的作用，也永遠無法通過經驗發展成智慧。假設我們單純依靠經驗和個人體悟（神靈的直接昭示），卻忽略過去神祕學書籍的智慧與洞見，如此一來，我們就容易跟過去的神祕學家一樣掉進同樣的陷阱或遭遇同樣的路障，還失去了數個世紀以來能幫助我們精進魔法的智慧與洞見。這就好比在不了解過去科學的情況下進行科學實驗。換個角度來說，如果忽視神祕學新書不讀，我們會喪失在神祕技藝中成長、進步和創新的機會。再次沿用科學的比喻，這就像深陷在牛頓的科學時代，錯過了現代科學的發展。

在《魔法不哭泣》（*Magick Without Tears*）一書中，阿萊斯特·克勞利回應了讀者的一封信，信中問道：為什麼她（讀者）應該深入研究魔法呢？克勞利寫道：「妳為何應該研讀並實踐魔法？因為妳無法忍住不那麼做，所以與其做得不好，不如好好精進。」[12] 然後他舉了一個枯燥的高爾夫球例子說明，如果你沒有認真地在打高爾夫，聽了會一頭霧水。你可能很會打高爾夫，但我不會。所以用

11 Crowley, Waddle, and Desti, *Magick: Liber Aba*, 126.
12 Crowley, *Magick Without Tears*, 42-43.

一個不同的比喻來說明吧！假設你想要種一棵蘋果樹。你可以直接把種子丟進土裡，有可能後來真的會長出蘋果樹。然而，透過觀察與學習蘋果樹成長的過程與機制，我們人類作為一個物種已經知道種植蘋果樹時，如何保證最好的成果。瞭解一棵樹成長所需的種種條件與因素，能夠更成功地達到想要的目標。例如，當我們知道土壤、陽光、涼蔭、水分需求之間的 pH 值平衡，還有什麼時候、如何修剪果樹，就可以在過程中應用這些知識。同樣的，在魔法中，我們使用具體的技術、程序與步驟，來確保魔法達到最有效的成果。

練習11

聆聽直覺的蠟燭魔法

亞絲特拉・泰勒（Astrea Taylor）作

魔法吉時：任何你需要連結直覺的時候。

媒材：

- 小蠟燭，使用你認為對應到直覺的顏色
- 引發你直覺的精油
- 燭臺
- 火柴或打火機

目的：很多人有時候會覺得沒辦法聽見自己直覺的聲音，或直覺傳達的內容讓人很困惑。這通常是因為，我們的直覺跟

社會告訴我們應該的行為方式之間，產生了矛盾。這個蠟燭魔法可以移除對直覺的阻礙，協助你建立跟直覺身體更緊密的聯繫——直覺身體也就是對你周遭一切的能量做出反應的能量體。

作法：到一個你可以遠離世界、給自己一點空間的地方放鬆，至少十分鐘。滴五滴精油在手掌上，深深吸氣，讓香氣點燃你直覺的感官。然後把精油塗抹在蠟燭上，同時想著你的直覺。準備好時，把蠟燭放進燭臺點燃：

> 蠟燭的火焰點亮了我的直覺。
> 不屬於我的能量燃燒消失不見。

注視燭火，感受到它點燃了你的直覺體；感受你的直覺體像一團火焰包裹你，對周遭的能量做出反應。準備好後，想一想某個你需要更多洞見的情況：

> 我向直覺開啟知覺，就這個情況賜我指引。

留意你直覺身體中油然而生的事物——感受那浮現的感覺。你可能會感覺到情緒、緊繃、開闊、溫暖或其他許多感受。不帶批判，單純留意你感覺到了什麼、感覺落在哪裡。如果在這個練習中感到緊繃，先不要嘗試釋放緊繃感，聆聽它所告訴你的真實感受。繼續聆聽，直到聽完

直覺想告訴你的所有事情。結束後，做個深呼吸，抱抱自己，來讓緊繃融化褪去：

> 我向我的直覺致敬。願我們能更加緊密，
>
> 此時此刻，以及無數未來。

最後吹熄蠟燭，之後任何需要連結直覺體的時候，都可以再次點燃。

✦

改變意識狀態

在巫者能夠對魔法達到獨當一面的嫻熟程度，並能在世界中創造任何真正的改變之前，他們首先必須學會駕馭內在的世界。心智的小宇宙是塊豐饒的土地，我們的意念在那裡開花結果，並在外在世界的大宇宙創造出改變。簡單地說，這就是「現代巫術之母」——先賢朵琳・瓦莉安特（Doreen Valiente）的觀點。

瓦莉安特時常談到心靈的內在力量和它在魔法中的位置，甚至還放下了許多神祕學家和古魔典往往視為必須的工具與儀式，她說：「魔法這門技藝中最偉大的大師都清楚表示過了：這些事物都只是外在的負累；真正的魔法在人類的心靈裡。」[13]

---

13 Valiente, *Natural Magick*, 13-20.

魔法儀式中的心靈要素長久以來一直被神祕學家討論，尤其是關於「魔法意志」（magickal Will）這一個概念。這就是阿萊斯特·克勞利在他對魔法著名的定義中提到的意志：「（魔法是）引起符合意志之變化的科學與藝術。」後來，狄恩·弗瓊（Dion Fortune）在擴展延伸克勞利的定義時，更加強調了心靈要素在魔法中的地位，她定義魔法是「以與意志一致的方式，在意識中造成改變的藝術。」（the art of causing changes in consciousness in conformity with Will.）[14]

弗瓊與克勞利兩者宣稱中的差異雖然細微，卻非常深刻。這是通往巫術堂奧的強大鑰匙：為了能夠連結周遭的魔法，我們首先必須學習跟自身內在的魔法聯繫。我們首先必須點燃內在的巫火（Witch Fire）；那是魔法與神性的火星，透過巫火，我們能發展靈能天賦，學習跟外在的力量對話，於是進入舊時巫者稱為「入迷」（fascination）的狀態。

雖然在日常口語中，「入迷」這個詞義產生了改變，指的是一種強烈甚至帶有強迫性的興趣和專注，但它根本的意涵能說明它在魔法中的使用。「fascination」一詞源自拉丁文「fascinates」，意指「施加咒法、下咒或蠱惑」，「『使之入迷』這個動詞指的是透過眼睛施加咒術；施加咒法（to enchant）與下咒（to charm）則是透過幽微神祕的力量施加咒術。這個文字上的差異也影響了隱喻上的意涵。」[15]

在魔法上讓人「入迷」，就是把人引導進入輕微的入神狀態，在這樣的狀態中，目標內在的想像、隱喻與心靈感官都會為了特定

14 Valiente, Natural Magick, 13–20.
15 Century Dictionary.

目的受到控制，跟現代的催眠術非常相似。對實踐魔法的巫者來說，這份技藝真正著重的是發展個人的內在天賦，而不是用來讓他人落入自己的掌控。這個方法能讓巫同時成為催眠者與被催眠者，並在入神狀態中連結與發展自己的靈能力和魔法。

在希薇爾・雷文沃夫的經典之作《點燃聖火》（ To Light a Sacred Flame ）中，這位老師與作家寫道：「讓你的心靈入迷，基本上就是讓它進入阿爾法腦波區間。」[16] 對人類大腦的研究已經辨識出好幾種腦波狀態；這些腦波狀態以赫茲循環測量，並以希臘字母標誌區分。「阿爾法狀態」是種我們頻繁進入的狀態，在日常生活中任何一天都會進進出出許多次。當我們在作白日夢，或深深陷入一項日常活動，例如閱讀時，自然而然就會落入阿爾法腦波狀態，這讓阿爾法成為最容易控制的腦波狀態。阿爾法是執行入迷這項魔法技藝的最佳狀態，讓人能夠結合催眠者與被催眠者兩種角色，並允許自己的心靈有意識的部分能夠領導與控制無意識的部分。在這樣的狀態下，我們在心靈中汲取一直以來持續接收的訊息，並開始把它們從無意識轉譯到有意識的過程。

這也是為什麼許多巫術圈子都用「儀式意識」來稱呼阿爾法狀態，也非常強調學習憑意志進入這個狀態來為魔法做準備；把意識狀態轉換到阿爾法，是我們魔法儀式的前置預備動作。就算在不使用腦波這套語彙的傳統中，在儀式或典禮的開頭通常還是會有一些能達到同樣目的的技巧，以利於進入魔法的意識狀態中。這樣的狀態賦予我們的儀式行為力量。在一般意識狀態劃出的魔法圈，跟在

16 RavenWolf, *To Light a Sacred Flame*, 48.

對的心靈狀態下劃出的相比，不會有同樣的效果。在阿爾法中，我們「行走在世界與世界之間」，同時在多種不同層次的意識和現實中行動，並體現了連結事物的閾限狀態（liminal state），也就是赫密士主義箴言說的「如是在上，在下如是。如是在內，在外如是。」

一但掌握了這項技巧，能夠憑著意志自由進出阿爾法狀態後，巫也得到了進入更深腦波狀態的機會，例如沉浸感更深的西塔腦波，這是我們夢境最鮮明時的腦波，也是在星靈體旅行中見到神祕景象、跟神靈直接接觸，以及其他靈性現象發生時的意識狀態。這展現了西塔狀態的強度，也暗示著它控制上的難度。西塔腦波跟阿爾法相比更靠近作夢的狀態，因此可能誘使我們脫離有意識的狀態，進入一個我們完全失去控制，或失去自我意識的空間。經過一段時間的練習，一個人可以學會更好地控制這個狀態，但這些技巧都是先透過熟悉操作阿爾法狀態之後才能發展的。

能不能掌握西塔腦波絕對不是對一個人魔法效力的評價。即使只使用阿爾法腦波，還是能夠實現我們所有的魔法目標。然而，這樣的沉浸程度當然會不如西塔；不過西塔需要我們在特定的限制下進行操作，阿爾法則能在一天日常狀態下被喚起。

有能力進入並維持輕微的入神狀態，對魔法和靈能工作兩者而言都是關鍵。巫者和靈能力者都能在沒有意識到的情況下進入這個狀態，不過帶著意識實行，就能夠操作與塑形，帶領我們到一些心靈和魔法中的強大所在。試著不要被「入神」（trance）這個詞彙限制；有時候帶著神祕氛圍、玄祕晦澀的事物，其實只是人類心靈的正常運作。我們的心靈會因為環境的不同，而不斷改變意識狀態。

那麼，既然想像和夢境都是我們魔法意識狀態的一部分，為什麼不是我們所有的想像和白日夢都會在現實世界中實現，就像我們的咒術一樣呢？缺失的關鍵要素就是先前提過的，許多神祕學家視為魔法運作的精髓：意志（the Will）。「大寫的」意志給了我們一道線索，讓我們知道它不是一般的意志力或驅動力，而是我們跟高層或神聖意志接上線時的真實意志。意識的改變經常發生，非常自然，但當這些改變被集中起來，受到經過訓練的魔法意志引導時，它們就能產生在世界中造成改變的強大動能。

卡爾‧榮格（Carl Jung）在心理分析中開拓性的研究工作，是基於神聖能透過無意識心靈與我們溝通這樣的信念，而這樣的溝通時常通過夢境發生。他耗費多年時間分析研究病患的夢境，私下也親自實驗改變自己的意識狀態，達到與他自己無意識的靈性奧祕直接接觸的接壤之處。因此，同樣地，巫者入迷的技藝則成為有意識與無意識世界之間的橋梁，也是人與神、內與外、上與下的橋梁。

練習 12

色彩呼吸 —— 進入阿爾法腦波的簡易方式

在進行任何魔法或占卜之前，先試著進入阿爾法腦波狀態，親自體驗看看有什麼不同。一進入阿爾法後，在占卜或執行儀式、咒術的同時，留意任何浮現的想法或感覺。

1. 理想情況是用舒服的姿勢坐著，雙腳平放在地面，或雙腿交叉。

2. 背部打直，讓自己坐著的時候脊椎、脖子和頭部垂直成一條線。

3. 帶著意識盡可能放鬆你的身體和心靈，同時盡可能保持背部、脖子、頭部舒服與垂直。

4. 把意識帶往呼吸，開始穩定地、深深地、有節奏但舒服地呼吸。如果仍然在身體裡感到緊繃與不適，把意識帶往那個部位，觀想你的呼吸抵達那個部分的自己，並隨著每一個呼吸越來越放鬆，釋放儲存的任何緊繃。

5. 閉上眼睛，持續把意識放在呼吸上。

6. 吸氣的時候，觀想自己正吸進紅色。看見不僅是你的肺，整個身體都充滿了紅色的光。

7. 吐氣時，想像自己正吐出紅色的光，像一個蛋形的能量場圍繞你的氣場。

8. 持續吸進和吐出紅光一陣子。如果想像紅色有困難，馬上在心中想紅色的東西，例如蘋果、口紅、消防車等等；在心眼中召喚顏色有困難的話，這麼做一般能促使心靈想像相關的顏色。接著回到顏色呼吸，專注觀想。

9. 感覺到紅色已經在觀想中穩定下來，充滿身體之後，換下一個顏色繼續同樣的觀想：橘色、黃色、綠色、藍色、紫色、白色。

10. 完成這個觀想練習之後，對自己宣告：「我來到了阿爾法的意識狀態，在這裡，我的靈能力跟魔法完全開啟。」

11. 讓觀想消退，準備好時張開雙眼，開始執行任何你打算要做的有巫術感的活動。

✦

專注與視覺想像的困難

就像任何有意義的事物一樣，巫術與靈能力開發都需要鍛鍊，而鍛鍊是透過持之以恆的努力達成的。有效地把現實朝向對自己有利的方向掰彎跟改變，不是一件能快速輕易精通的事。就算是看起來很「基礎」、「簡單」、「基本」的練習，也需要極大的努力才能完全掌握；但如果願意付出這份努力來精通這些練習，它們也會變得無比強大。然而，對某些人來說沒有那麼簡單，而對神經表現特異的人來說，更不是只要付出努力就夠了。

以群體而言，我們巫者應該特別留意那些神經發展跟我們不一樣的人，意識到同樣的技巧和手法適合所有人。因此，我們應該盡可能做出調整，創造一個包容的學習環境與靈性群體。我很多的朋友、學生和讀者，都有著不同程度容易分心的症狀，包括注意力不足過動症，但經過調整練習之後，所有人都學會了怎麼冥想，專注力也獲得了改善。冥想的意義不在於你的專注力有多好，而是在訓練心靈的專注力。然而冥想也不是只有一種方式，除了坐下專注於放空心靈，還有許多不同的冥想方式。

我有些神經特異的學生使用移動式冥想這種變型，得到了非常成功的結果：站著或坐著搖晃身體（包括輕輕前後搖晃），或行走、跳舞、奔跑或藝術創作；有些人冥想時則需要聽音樂。其實任何能讓你進入心流的活動，讓心中的噪音散去，都算是冥想的一種形式。當然你不需要是個神經特異者，這些不同的方式還是能對你很有用。比起在不太有效果，甚至完全無效的練習上耗費極端的努力，更重要的是找到對你個人有效果的練習；真正重要的是你正在找到對自己來說，最能有效進行這些練習的方式。記得，到最後這還是你自己的路、你的人生、你的魔法，只要對你自己有用就可以了。這可能需要一些實驗和腦力激盪，但當你找到了對你有用的作法，一切都值得了。因為冥想在人生的各方面，包括你的魔法生活，都有許許多多的好處。

　　把冥想安排在服藥後（遵照醫囑）的一小時是個很好的方法。我想要百分百澈底清楚表明，魔法和靈能力永遠都不是諮商或醫藥治療的替代品。生理上的困難不會影響你身為通靈人或巫者的能力，神經特異也不會。積極運用所有可用資源來好好照顧自己——身體上、心靈上、情感上與靈性上——這跟巫的精神是一致的；這是在握緊對自己健康和人生的權柄，為它們負責。

　　很多人都有觀想障礙，想像看看這對患有心盲症的人來說會有多困難；心盲症是種無法在心中想像圖像的症狀。在這樣的情況下，我們最好，也是唯一的辦法就是專注在其他事物上，並鍛鍊其他才能。這也是為何我在《魔法顯化》中專注於所有其他的靈能感官：如果觀想對你特別困難或不可能，那麼就改用你的強項。簡

單來說，如果劃設魔法圈時無法在你的巫者之眼中觀想出能量環，轉為試著感受到它、聽到它、聞到、嚐到、知道它就在那裡，或混合使用這些感官，能試著同時呼喚所有感官更好。

　　我一個親近的好友，也是聖火巫術傳統的成員——伊莉莎白·奧藤娜利斯（Elizabeth Autumnalis），是我所認識最有天賦的靈能力者與女巫之一。幾年前我們在新罕布夏的樹林裡露營時，有天晚上我們走過林子，踏上只有月光指引的泥土路徑。當時我們正在前往一場營火儀式跟幾名好友會合的路上，結果遇到了一位神靈。我們邊走邊聊，突然我用眼角餘光看見了什麼：是一雙從樹叢間透出的眼睛，我還能辨識出一個高大的輪廓。雖然周圍有許多活躍的自然神靈，但這位非常不同，而且特別注視著我們。我們兩人同時停下了腳步，盯著祂看。「你看見了嗎？」我問道，莉茲確認也看見了。我進入狀態開始感覺對方是不是威脅，結果並不是。這位神靈是那個地區的守護神，當時正在視察、端詳我們，祂也在確認我們會不會造成威脅。我在心中把畫面距離拉近，把神靈的長相看得更清楚。接著我們對祂稍微說明了來意，告訴祂我們只是心存敬意的來訪者，不會構成威脅，並繼續走向營火所在處。抵達之後，我們告訴了朋友這件事，我們對這位神靈的描述一模一樣。但重點是：莉茲並沒有真的「看」到祂，在她的巫者之眼裡沒有畫面，也不是透過肉眼看見。然而她能描述出的細節，跟我能描述的卻一樣完整。

　　有時候訴說你用內在感官接收到的事物，直接開始描述它會很有幫助。常常只要開始描述或說出你身體上感受到的，在說的過程

中，越來越多細節就會隨著訊息浮現，即使你不是完全用你的心眼「看見」。如果已經清楚感知到的事物在傳達上容易卡住，只要直接開始描述你的感覺就行了。無論你有沒有心盲症，這都是個很有幫助的通靈技巧。

我的理論是：莉茲仍然從「暗中的感官」（the noirs）接收了靈界的訊息；「暗中的感官」是伊沃‧多明格茲（Ivo Dominguez Jr.）訂立的詞彙，用來指稱在潛意識層次的資訊處理過程，相對於在表意識層次「明處」（clair-）[17] 的靈能力。「暗中」的靈能力不會用明確或能被感知到的方式展現出來，不會對應到我們基本的視覺、聽覺、味覺、嗅覺、觸覺等五感；一如其名稱暗示的，這些是「暗」的能力：它們是沒有經過「明」的靈能力這一層濾鏡，直接被我們接收到的靈界印象。這就是人們經常稱為「靈知」（claircognizance）的能力；我會把直覺也歸納到這裡，還有置身於「暗」領域的能力也是。因此，儘管「暗」的靈能感官時常跳過我意識中的明感官，資訊還是能被傳遞。在不同的例子中也能看到這個道理的運作，例如靈擺、靈應盤、自動書寫等，這種依賴念動現象（ideomotor phenomenon）的占卜或通靈方式，其中潛意識控制著身體的動作。這就是「暗中感官」的運作；也就是你繞過意識形態，以其他方式直接接收處理訊息。

---

17 Dominguez Jr., *The Keys to Perception*, 49-53.
　譯者註：clair- 在英文裡是各種靈能感觀的前綴，來自法語，有「明亮」、「透徹」之意。例如：clairvoyance（靈視、透視、千里眼），clairaudience（靈聽、順風耳），clairsentience（靈覺、靈感）等等。

還有個現象非常有趣，值得一提：患有心盲症的人作夢時也是有畫面的，跟我們這些沒有同樣症狀的人一樣 [18]。這表示夢境不是我們能控制的想像功能，除了清明夢（lucid dream），因為在清明夢裡你可以控制夢境的景象。這也說明了心盲症不是沒辦法看見圖像，而是無法在心眼中隨心所欲召喚出圖像。我認識很多被診斷出患有心盲症的人，只要持續付出心力，他們還是能慢慢開始在心眼中隨心看到畫面，只是這件事對他們來說比對其他人還要難上許多。

　　說到夢境，我們常常一醒來很快地就忘了它們。我們起床的時候，表層意識也會變得警醒，開始優先處理重要的事，通常也就是處理一天的開始。而我們的夢境會在短時間內消退，除非它造成了很強的情感衝擊，或我們訓練心靈把夢境的訊息帶往意識表層。其中一種訓練方式是持續在起床時馬上記錄夢境，訓練心靈專注在夢境經驗上，並把它們保留下來。這也是學會做清明夢牽涉到的步驟之一。因此，當我發現有一項技巧可以幫助難以在心中看見事物的人時（包括有心盲症的人）一點也不驚訝：這項技巧就是我在前面提到過的，用說的方式描述試著觀想的內容。例如，如果你嘗試觀想一隻狗，嘗試在心眼中看見牠時，開始口頭上盡可能詳細描述狗看起來是什麼樣子，即使當下還沒出現任何清晰的畫面。

　　關於靈性和魔法修行，有很多事是讓我們掙扎的，這就是為什麼它們是修行。透過持續付出心力，我們會做得越來越好。但說

---

18 Whiteley, "Aphantasia, imagination and dreaming."

真的，通往精通靈能力或魔法的路，沒有捷徑也沒有速食車道。一切都需要努力。跟人生其他任何事一樣，在某些領域，某些人需要比其他人下更多功夫；但每個人都有靈能力，也能投身魔法之中。就像我在第一本書中強調的，不要批評自己缺乏注意力，也不要放棄。你要做的是意識到自己分心，然後再次找回專注，並且理解到這麼做本身就是在強化你的專注力。如果專注或觀想有困難，我強烈建議你別放棄。繼續嘗試！你甚至可能獨立發現能幫助到自己的新技巧。對自己溫柔，但鼓勵自己堅持下去。

為了提供因為注意力或觀想所苦的人一些工具，我聯絡了許多有心盲症和注意力不足過動症，同時也是經驗老到的魔法實踐者，並聆聽了他們的意見。經過跟他們的對談，這邊有一些我發展出來的技巧，能幫助你進入冥想狀態。我自己實驗過，也請有心盲症和注意力不足過動症的朋友測試過、蒐集回饋，確保對他們或對我自己都有效。

練習 13

用靈擺進入阿爾法腦波

魔法吉時：任何時刻

媒材：

- 某種擺墜

目的：這是為了對專注有困難的人所設計，進入阿爾法腦波的方法，對患有注意力不足過動症，以及有觀想困難

的人特別有幫助。你有沒有看過古早的催眠師用懷錶催眠一個人？根本上來說，他們在做的是讓人只專注在一個東西上，透過移動誘發阿爾法狀態，再透過暗示引發西塔狀態。所有入神狀態都是一種催眠。其中的關鍵要素是：在進行催眠的人是誰？誰在主導你進入不同的腦波區間？抵達之後，做了什麼？但在這裡，我們會用調整過的這個技巧帶你進入阿爾法狀態，而你會主導整個過程。

大多巫師和靈能力者都已經有用來占卜的靈擺了；你也可以在當地的玄學用品店或上網買到不貴的靈擺。如果沒有靈擺，可以用掛在項鍊尾端的吊墜，或在一條繩子尾端綁上一把鑰匙或其他有點重量的東西。靈擺不需要很花俏，但就跟所有工具一樣，投資一個你真的喜歡的，然後持續使用並對它投注能量會有很大的好處。

作法：首先，深呼吸，甩掉你可能抓著不放，任何使你神經緊繃或緊張的能量。再做一個深呼吸，然後放鬆。把靈擺拿在面前，讓石頭或懸掛物處在你眼睛的位置。再做一個深呼吸，更深地放鬆。開始讓靈擺左右擺盪，雙眼跟著它移動。現在手保持穩定，雙眼單獨專注在搖擺的靈擺上。用平靜、放鬆、舒緩但堅定的聲音，在心中說：「我漸漸放鬆了下來，漸漸進入了阿爾法意識狀態。」持續重複這句話，雙眼繼續專注在逐漸慢下來、擺動幅度越來越小的靈擺上。繼續，直到靈擺停下來，或你可以感覺到你的心靈

狀態和意識開始改變。你應該會感到放鬆、微微的恍惚，就像你在作白日夢。你已經來到阿爾法狀態了。這個時候很適合配上心靈提示法，用你空著的手做出食指與中指交叉的動作（就像你在許願），透過巴夫洛夫反應，開始訓練大腦根據你的指令改變意識狀態。如果沒有感到意識狀態改變，多試幾次，直到能感受到。如果還是不行，試試看下面兩個方法。

進入阿爾法腦波 —— 泳池法

魔法吉時：任何時刻

媒材：無

目的：這個技巧專門為觀想有困難的人所設計，也適合因為某種症狀（例如心盲症）而沒有觀想能力的人。這個方法以及下一個方法，都專注於靈觸（clairtangency）相關的身體與感官知覺。因為我訪談過的大多心盲症患者，或觀想事物有極度困難的人，都告訴我：比起觀想，他們更容易想像物理的觸感，也更能感覺到東西。

　　這個方法跟下一個方法都為在這些地方有困難的人帶來了成功。我之所以在這裡提供了兩種方法，不只是為了

多給一點變化，而是因為我發現一半的人用泳池法會比較有效，另一半的人則是用太陽淋浴法比較有效，依照他們各自的靈能感官取向而定。

在這些練習中，我使用「想像」這個詞的時候，請明白我說的不絕對是在你心中構成一個畫面，而是喚出身體上的感覺。

如果你對觀想和喚出身體上的感覺有困難，鼓勵你只要知道它在那裡、正在發生就行了。這本身也是想像，同時也能幫助你建立其他感官。下次去游泳或泡澡（但沒有同時進行這個練習）時，慢慢沉入水中可能會對這項練習有幫助，這麼做可以讓你熟悉身體的感覺，這樣你就能在記憶中喚起那種感覺了。

每次進行這兩個練習時，都執行你的心靈提示法手勢會非常好，能幫助你再次鞏固巴夫洛夫反應。

作法：閉上眼睛，深呼吸，放鬆。想像你在一道階梯的頂端，階梯另一端是溫暖的泳池。

想像你跨出了一步，進入水中，同時想像步入水中是什麼樣的感覺；想像你踏出第二步，溫暖的水來到腳踝的感覺；感覺到溫暖的水讓你的雙腳放鬆。踏出第三步，感覺到溫暖的水來到了你的膝蓋，也讓它們放鬆了下來；再踏出一步，感受到溫暖的水淹過你的腰部；再踏出下一步，感

覺到溫暖的水來到你的太陽神經叢，也就是肋骨的底部，到這裡，你身體的每個地方都放鬆了下來。再踏出一步，踏進泳池，感覺到溫暖的水讓肩膀以下的一切都放鬆了下來。現在踏出最後一步，進入水中，知道你可以在水裡呼吸，並感覺整個身體沉入溫暖放鬆的想像水域中。完全沉浸在這一池能量中時，花點時間思考一下這個深層放鬆的狀態。準備好後，做一個深呼吸，然後慢慢張開眼睛。現在你已經來到阿爾法腦波的意識狀態了。

進入阿爾法腦波 —— 太陽淋浴法

魔法吉時：任何時刻

媒材：無

目的：上一個練習「目的」條目下的所有內容在這裡也都適用。主要的差別在於，這個練習喚起的是聽力還有嗅覺，或許你這兩種感官比較敏銳，又或許可以同時喚起多種不同的感官，增加這個技巧的沉浸程度。如果喚起身體感受有困難，可以試著用上一個練習中建議的借助泡澡作法，只是這裡使用的是淋浴間；淋浴時請慢慢降低水壓。如果決定這麼

做，就跟上個練習中使用浴缸的時候一樣，不過請記得不要同時冥想。先熟悉身體在不同水壓下的感受，之後做冥想練習時才能從記憶中喚起這些感受。

作法：閉上雙眼，做一個洗滌身心、放鬆的深呼吸。想像你站在大雨之中；想像雨打在身體上是什麼樣的感覺。想像雨在你周遭聽起來的聲音；想像雨聞起來的味道。再做一個深呼吸，然後吐氣；想像雨稍微小了一點點，雨的強度變小的同時，專注在雨水打在身上的感覺變化。然後專注在雨的氣味上，專注在雨逐漸變小的聲音。再做一個深呼吸，稍微進入更深的放鬆。現在想像只剩下毛毛雨輕輕灑在你的皮膚上，專注於那樣的觸感。接著專注在周遭細雨的聲音，專注在周遭微雨的氣味。再做一個深呼吸，再更放鬆一點。

想像雨完全停了下來。感受一下站在雨中，而雨停了下來之後身體的感覺。感覺到雨滴從身體上滑落；聆聽下過雨後的寧靜。聞一聞身邊的氣味。然後再做一個深呼吸，更深地放鬆；想像雲朵離開了，太陽在你身後大放光明。感覺到太陽灑在皮膚上的溫暖，漸漸把身上所有的水都晒乾。想像放鬆的晴天的聲音。或許有鳥兒的啾啾聲，或許你聽見了遠方傳來孩子的談笑聲。最後再做一個洗滌身心又放鬆的深呼吸，並張開眼睛。你現在來到阿爾法腦波意識狀態了。

月光之鑰項鍊

魔法吉時：滿月

媒材：

- 100顆串珠（月光石最好）
- 繩線（串珠用）
- 鑰匙或鑰匙形狀的幸運符（銀的最好）
- 白色或銀色蠟燭

目的：我發現這個技巧對難以專注和集中注意力的人非常有幫助；在這本書之後的實作中也會使用。關於《魔法顯化》的回饋中，頗為常見的一項就是有些人做第一個練習「基礎專注」就非常辛苦了。那項技巧的核心是訓練心靈專注，並進入阿爾法腦波。在那個練習中，我建議連續三次從一百倒數到零，如果分心就重新來過。在同一本書中，我也討論過，可以把這些練習想成健身，不應該一開始就做強度太大的動作。所以，慢慢做到能倒數一百也 OK。例如，如果你可以從十倒數到零三次不分心之後，可以把它當作起點，接著從二十五倒數下來，然後五十、七十五、一百。然而，這對某些難以觀想或專注的人來說還是非常困難。因此我決定分享另一個方案，這個方法可以讓你不用閉上眼睛也能專注在物理物件上，同時在上面施加魔法，為你在這些領域帶來幫助。我還是認為「基礎專注」

是個核心的奠基技能，所以不鼓勵你因為有現在這個技巧或色彩呼吸就完全拋棄它；而是把這個技巧當作踏腳石來達到阿爾法狀態，獲得盡可能細膩地進入這種意識狀態的能力。

作法：滿月時，蒐集好所有媒材。開始把五十個珠子串起來，一次一個。每串一個珠子就宣告：「清晰專注，清晰知曉，清晰見到。」同時專注在想要清楚觀想、專注和清楚接收到心靈訊息的渴望。串完五十個珠子之後，串起鑰匙，並說：

> 鑰匙聖化，開啟神祕。
> 鑰匙聖化，為我開啟感知力。

在鑰匙的另一邊，串起剩下的五十個珠子，專注在你的渴望上，每串一個就再次重複願望：「清晰專注，清晰知曉，清晰見到。」

最後把兩端綁起，或用扣頭完成項鍊。接著用它圍繞白蠟燭擺放，在蠟燭周圍創造出一個圓圈。

點亮蠟燭，雙手放在蠟燭上方，並說：

> 在這滿月之夜
> 鑰匙月光滿載
> 開啟感知狀態
> 打開靈能門扉

然後讓蠟燭完全燒盡。

要進入阿爾法腦波時，從鑰匙旁邊的珠子開始，朝遠

離鑰匙的方向數，每數一個就說：「我向平靜、接收訊息、冥想的靈性狀態敞開。」如果分心了，就再數一次同一顆珠子，然後繼續下去。每經過一顆珠子，試著更放鬆身體和心靈一點。數完一百顆珠子，再次回到鑰匙的時候，握著鑰匙然後宣告：「我處在接收訊息、冥想的靈性狀態。」重複數算念珠、正面宣告的過程三次。

從現在起，要進行任何靈性或能量工作時，都可以戴上這串項鍊。這個練習不只能心理上為你的心靈下錨，作為巴夫洛夫反應機關，還能因為時常在靈性或能量工作中使用累積的力量，讓你更輕易滑進那樣的狀態。最後，你只需要戴上項鍊，就能自動進入阿爾法意識狀態了。我建議一開始可以保持雙眼睜開，隨著練習深化再閉上雙眼數算與宣告，每數一顆珠子就試著在心眼中看見數字。如果做不到也沒關係，繼續數下一個數字就好了。經過一段時間，你的專注和觀想能力應該都會得到強化，並且開始能看見數字。不要輕易放棄或對自己太嚴厲！

如果你跟我一樣，也跟黑卡蒂女神一起工作，你也可以用她的名義聖別這條念珠，祈求她的協助。不需要弄得超級正式來讓她加入你的魔法，只要誠心請求，她就會聽見的。黑卡蒂是巫術女神，鑰匙是她神聖的象徵，而「克雷渡可斯」（Kleidouchos，意為「掌鑰者」）也是她神聖的頭銜之一。

數字三也是她的數字，因為她是三重女神；一百跟她也稍微有關聯，她名字的前綴「Heka」意義是「遠方」、「遙遠」，同時也是數字一百，就像希臘神話中的「黑卡同凱列斯」（Hekatónkheires）──百臂巨人。讓－克勞德・德拉莫特里（Jean-Claude Delametherie）曾以黑卡蒂女神之名將月光石命名為「黑卡蒂石」（Hecatolite），因此月光石在現代也跟這位女神有所關聯[19]。

✦

真心與激情

我觀察到有兩項魔法的關鍵在市面上完全沒有足夠的討論，那就是激情與真心。激情是你放進魔法的能量；查查看這個字（enthusiasm）的字根，你會獲得洞見，明白它為什麼那麼重要。「Enthusiasm」這個字的根源是希臘文，「en」表示「在……（裡面）」，「theos」代表「神」[20]：它指的是在神的狂喜中充滿靈感與歡

---

19 Hynes, *Crystal Magic.*

20 Harper Douglas, "Etymology of enthusiasm", Online Etymology Dictionary, accessed November 28, 2021, http:// www.etymonline.com/word/enthusiasm.

欣。我相信激情是一個人真正的意志連成一線時產生的反應，簡單來說，就是一個人生命中神聖的使命。那是我們來到這個世界上的理由，每個人都不一樣。激情是你投注在魔法中，同時吻合你人生使命的能量。

真心是你面對魔法時心的特質，亦即面對魔法的態度及切入方式。真心是魔法心靈框架的核心。查看真心「sincerity」的字根，也可以找到指向力量的線索。真心來自拉丁文「sincerus」，指的是「整全、乾淨、純粹、真實」[21]：那是一種不被偽裝粉飾玷汙的存在狀態；那是踏上魔法之路，跟自己的動機處於對的關係的狀態。

在魔法中遺忘了激情和真心不是罕見的事；然而，這仍是用來衡量是否失衡的指標，幫助你判斷如何在自己的道路上再次點燃這些特質。可能你在實踐中燃燒殆盡了，魔法開始感覺像待辦事項而不是讓你充滿熱血的事物。這通常表示你需要慢下來，如果不打算完全放下魔法一段時間，也要好好休息直到再次找回激情；至少也把實作降到最低限度。這種情況發生的另一種可能是，魔法完全占據了生活的大部分，沒能在好好生活和享受人生之間取得平衡。真心的缺乏，可能也指出你帶著錯誤的動機實行魔法和靈性修行：可能你對魔法和追求魔法的出發點並且出自於真心真心，而是純粹的我執，更在意的是在別人眼中看起來是個巫的樣子。另一種可能性是，你使用術法、做練習，是因為你覺得自己必須那麼做，而未必真的想要做。透過衡量自己擁有激情和真心的程度，你就能夠辨別

---

21 Harper Douglas, "Etymology of enthusiasm", Online Etymology Dictionary, accessed November 28, 2021, http:// www.etymonline.com/word/sincerity.

自己在魔法中的連結，同時也能知道如何找回那一份連結。沒有這兩個切入點，魔法為你帶來的靈性經驗不太可能有很好的成果。

激情和真心是所有事物持續發展的跳板。

✦

沉浸在魔法裡

精通施法的一個祕密要點是：完全沉浸在魔法之中，讓想像澈底參與其中。沉浸在魔法之中時，你置身其中的程度跟你處在物理世界中的程度是一樣的。生活其他的部分當下都靜止了；你無法思考其他的事物。在那一刻，你就是巫，你就是魔法本身。像是某種自我心靈催眠。對很多操作魔法的人來說，要進入這樣的狀態很不容易，而正是因為這個原因，我們在開始施魔法之前要先進入跟想像緊密相連的阿爾法腦波狀態。這也是我之所以一直強調魔法基礎練習重要性的理由之一，不管一個人在巫術的道路上對這門技藝有多少經驗，他們都可能會懷疑自己的魔法，而且感覺不到跟自身能力的連結與一致。跟很多人可能會告訴你的相反，這裡正是巫術中適合運用角色扮演的地方；用充滿魔法的方式模擬某個人，目的是進入狀況並透過連結成為魔法本身。

角色扮演之所以有用，是因為你不僅僅在扮演一個角色，你同時也在扮演著自己。就好比是用方法演技（Method acting）扮演成強大的巫，而且是由崇高版本的自己所扮演的。

如同方法演技那樣，角色扮演的重點在於完全投入角色之中。你可能會擔心透過這種沉浸方式，會變成在欺騙自己或在幻想中失去自我。我理解，而且我也是懷疑精神和批判性思考的支持者——除了在進行咒術的時候。執行咒術時，你需要對自己的能力還有魔法本身有信仰，而通過沉浸狀態最容易達到這點。這樣深刻的沉浸式魔法狀態，有助於除去任何你可能內化的自我限制，這些限制於是造成阻礙；沉浸狀態則能夠讓你的魔法流動得更強勁。

希薇爾·雷文沃夫很有詩意地把這種狀態稱為「逢魔時刻」（the Witching Hour），她這樣描述：「當你整個存在都在催促著你醒來、動起來、開始動作！某種自信圍繞著你，讓你知道自己能離開手邊的困難，直接踏入自己渴望的成功。你是知道的，在靈魂的深處知道，是施展魔法的時候了：就在這一刻，你的魔法熟成了。」[22] 我覺得她用這個詞來描述這樣的沉浸狀態真的非常詩意也非常美。在民俗傳說中，人們認為神靈與巫在逢魔時刻的力量最為強大，根據論述的傳統、文化或時代不同，一般落於午夜到凌晨四點之間。通常午夜或凌晨三點是最普遍被視為逢魔時刻的時間。而雷文沃夫的概念認為，逢魔時刻不是鐘面上的一個特定時間，而是任何你深深沉浸在魔法狀態中的時間，都可以是非常強大的時刻。她進一步討論並這樣寫道：「如果你相信宇宙由內到外、由上到下都是個潛力的海洋，那你就握有通往所有力量、所有魔法、所有成功的祕訣了。」[23]

---

22 RavenWolf, *The Witching Hour*, 1.
23 RavenWolf, *The Witching Hour*.

角色扮演對一個人性格和心理的影響，以及他跟儀式魔法的關係，是目前學者正在探究的一個主題[24]。實行咒術的時候，你不只需要扮演一個強大的施術者，你還希望完全沉浸在咒術當中。一般我會把它拆開來講，配合內在的七個面向連結到現實的七個相位，以及個體的七個能量身體[25]。

物理沉浸：穿戴儀式服或珠寶。你只有在進行魔法的時候才會穿著配戴這些衣物跟配件，平時收納起來，不用在其他地方。這樣可以讓這些衣物成為讓你沉浸在魔法狀態的形式，同時也是心理的觸發開關。物理沉浸還包括咒術的物質材料，無論是藥草、蠟燭、水晶、工具或雕像。這全都能幫助你沉浸在施術中。

乙太沉浸：這是讓自己沉浸在環境物理和能量兩個層級的狀態。在咒術中，乙太沉浸指的是為你的魔法特別建立出一個空間，並把這個空間當作承載你聚集的能量的容器；它指的同時也是確保空間物理上的乾淨、能量上的潔淨，並給你神聖的感覺。乙太沉浸也包括進入冥想與非一般的意識狀態，同時與內在及外在的神聖空間連結。

星靈沉浸：現實的星靈層直接聯繫到了意志力；星靈沉浸指的是以控制與自信運用意志力這個行為本身，你明白自己創造了一道因果連鎖反應，而該反應將會顯化咒法中的渴望。

---

24 Boman and Hugaas. "Magic is Real".
25 譯者註：這七種層面分別是：物理層、乙太層、星靈層、情緒層、思維層、心靈層、神聖層；英文對應為：physical plane, etheric plane, astral plane, emotional plane, mental plane, psychic plane, divine plane。

情感沉浸：指的是在施咒時喚起對咒法目標的情感能量。例如，如果你在進行愛情魔法，施咒時就會專注在愛與被愛的感覺。如果施展了增進靈能力相關的術法，則會專注在平靜、情緒感受表達暢通等情感。

思維沉浸：指的是透過想著跟咒術目標一致的想法，還有在過程中用聲音以某種方式表達目標，完全沉浸在咒術目標中。這層沉浸不只是話語而已，也包括你的傳達方式。思維沉浸牽涉到了魔法之聲，就像你的魔法裝束一樣，是種特殊的說話方式，除了儀式與施術不作他用。魔法之聲不只是一種說話方式，而是依據咒法的願望變換多種聲調；不過，永遠都會是穩定堅決的聲音，無論咒術的意念是什麼。

心靈沉浸：指的是運用你內在的心靈感官，把它們投射於外在的物理現實上，強化手邊咒法的力量。心靈沉浸是透過想像召喚出看見、聽見、聞到、嚐到、感覺到你個人認為連結到咒法願望的事物。例如，施展提升靈能力相關的咒法時，我可能會想像閃耀的銀色能量圍繞著蠟燭，我也可能會喚起茉莉花的香味、香草的味道、絲綢在身體上的觸感，還有貓頭鷹嗚嗚的叫聲。這一系列的象徵都是我個人連結到靈能力的事物；透過想起這些，並把它們投射到咒法上，我就告訴了自己的淺意識啟動通往靈能力的能量傳導路徑。

神聖沉浸：表示執行咒法時帶著完全的信仰，相信我祈請、合作的神靈都確實在聆聽並提供幫助。施術時，我對自己和自己的神性有完完全全的自信，身為世界的共同創造者，我能夠透過魔法直

接影響現實。神聖沉浸同時也是在儀式結束後不再執著、不再反覆思考，而是放手，讓所有沉浸狀態隨著咒術結束而告終。

✦

魔法目標策略

咒術達成目的。有一個規劃完善的目標作為咒術的標的，有助於你實現你渴望咒術實現的事物。這聽起來或許像是一般常識，但很多人在規劃咒術時，很容易忽略了好好思考這點。大多施法新手可以分成兩種類型：第一種設定目標時目光太短淺；另一種則是不夠有遠見，無法用魔法實現長遠的大目標。施咒時目標對不對，很可能決定咒術的失敗或成功。魔法的這一個方面對我影響最大的是傑森・米勒（Jason Miller）跟他的著作以及課程[26]。

因為我發現了在咒術規劃的階段，專注在目標上的重要性，我想要確定在這裡能討論到一些重點指標，幫助你把咒術提升到另一個層次。

編織目標的時候，有五個主要的領域特別重要，需要留意。儘管我這裡用的例子是提升靈能力，但無論你有哪種類型的目標，這五個焦點都適用。編織咒術目標時需要專注的主要區塊分別是：精準、開放、現實、激情，還有達成大型目標的策略。你的咒術目標應該要能只用一句話或最多兩句表達，不過在規劃的時候，正確組織表達目標的語言往往需要非常可觀的時間，才能做到臻於完美。

編織咒術目標的第一步是「精準」。對於渴望咒術達成的事，

你必須完全清晰明確。多多思考這一點非常重要；我們太容易以為不用深思就知道自己想要什麼，最後才發現當初其實不夠明確。我還是會遇到這樣的情況。讓我給你一個我馬上想到的近期實例：最近我施了一道魔法，幫助我保持超高專注，完全不會分心。咒法顯化了，我的注意力得到大大的加強，強大到我可以專注在手邊的工作而完全沒有意識到好幾個小時已經飛逝而去。所以問題出在哪？問題在於我聚焦在錯的目的上了。我花了整整一星期，依照字母順序整理我們家龐大的神祕學藏書，期間沒有半點分心——但這不是我施專注咒的理由！我的目標是專注在寫這本書上。我在咒術中沒有明確說明，我要專注在什麼事物上、要專注多久。

決定咒術目標的第二個部分是跟上一項澈底相反；這裡需要注意的是目標精準度和彈性之間的平衡，對於咒術的顯化方式要允許足夠的流動性。魔法永遠會尋找阻力最小的渠道顯化，這也是為什麼我們需要對它顯化的方式保持明確。另一方面，如果我們太精確了，也可能讓咒法難以實現。關鍵在於找到足夠精確，卻又不會太精確而導致咒法難以實現的那個幸福點。

每一次我們在讓意念變得更明確的時候，都是在縮小魔法實現的渠道，確保我們得到自己真正想要的——不過如果對目標實現的方式太過苛刻，我們就會越來越侷限在一定的時間內得到自己想要結果的潛在可能。在這樣的情況下，你的目標可能會選擇阻力最大的管道實現，儘管還有好幾種其他能夠顯化的管道。

組織目標時，還有一個核心重點是，判斷你的目標是否真的存在於可能發生的範圍內。簡單來說，需要衡量自己的人生和情況，

並跟目標實現的可能性做比較，決定施法影響的難易度。雖然魔法有時候可以，而且實際上真的能在看似不可能的情況下實現奇蹟，但施展並非接近不可能的咒法有效多了。如果你施了成為通靈專家的咒法，但你不在生活中找時間冥想、做靈能力發展練習，或真的坐下通靈——那咒術很可能不會有什麼用。畢竟你當下的情況沒有施法的空間。

如果你為了成為搖滾巨星施了魔法，但完全不會演奏樂器或唱歌，也不打算學，又或者你不想被人關注，就這個要求你的人生也沒有施法的餘地。同樣地，如果你嘗試施法得到像超人那樣物理上在空中飛行的能力，機率低到我可以跟你保證那不可能發生。這種情況魔法無處施展。

如果你的目標太過遙遠，關鍵是有策略地規劃處理。可以有一個巨大的最終目標，然後施展小型咒術一步一步達到它，這可以讓魔法在你的人生中更有發揮的空間。與其嘗試太過龐大而不太可能實現的目標，不如把魔法分成好幾個微型咒術，讓它們通向最後的目的；一個微型咒術實現後，繼續執行下一個，直到你終於抵達最終目標。

規劃咒術目標時，最後一個需要留意的因素是：衡量自己興奮的程度。你對自己規劃執行的咒術興奮嗎？如果不興奮，為什麼要做？問這樣的問題聽起來可能很蠢，但這是個非常重要的問題。如果你對要做的咒術一點也不興奮，顯然你也不會有足夠的渴望和意志讓它運作。你的興奮也是咒法顯化必要的一部分；這顯示了你在其中投注了多少能量。如果咒法的目標一點也不讓你興奮，為

什麼宇宙或靈界朋友要興奮呢？

這又回到了上一個話題，關於激情以及那種心靈狀態蘊含的力量。如果你對咒術毫不興奮，這表示你需要好好再想想當初自己為什麼要施這樣一道魔法。

傑森‧米勒在他的書《施術要素》（ *The Elements of Spellcrafting* ）當中完美地總結了激情在魔法裡的重要性：「一個好的目標非常激勵人心，它能在你腹中點起一把火：那是在黎明進入神殿充能、凌晨三點前往墳場的理由。不以不可能或以機率微乎其微的事物為目標，不代表我們不能把偉大當作奮力前進的方向。」[27]

✦

欲望、意念與意志

我們可能會有做某件事的想法（意念），但直到大腦透過神經系統發出實際行動的神經信號之前，想法永遠只是個想法。在想法與行動之間的電力活動，用隱喻來說就是意志的力量；它是想法跟行動兩者之間過渡的一步。它沒有懷疑、沒有遲疑；決定被做了出來，於是就有了一股力量把想法轉變成當下的現實。

在以上的比喻中，是有著意念的意識心靈在主導著意志。但並非總是如此。我們常常在無意識的狀態下運用著意志，而開始留意意志力本身，能幫助你了解如何引導它，讓它成為有用的工具，在

---

27 Miller, *The Elements of Spellcrafting*, 28.

生活的每一個區塊都有意識幫助你。這點在施法上尤其有道理。繼續使用我們的隱喻，當意念與意志同步的時候，我們可能不需要思考太多就能從 A 點走到 B 點；而它們不協調時，要不是像上一個例子一樣無法移動，就是我們的意志會開始自動駕駛。例如，我們邊講電話邊走路的時候，步伐會自動調整；我們不再有意識地動作，開始無意識的行動。

如果要成為技藝純熟的施術者，意志是種我們必須要熟悉，並且有能力去鍛鍊與引導的能量。透過觀察意志，我們熟悉並化為這份力量；透過有意識地運用意志，我們能夠鍛鍊並強化它，這是透過紀律還有決心做到的；透過學習辨認還有操作自己的意志力，我們可以開始慢慢地實現自己更高層的真實意志。但這不代表意念毫無用處；意念是魔法中很重要的一個元素，因為它能幫助我們決定魔法的目標是什麼。

辨識並強化意志

魔法吉時：從新月到滿月

媒材：

- 1本筆記本或手帳
- 1支筆

目的：這個練習的目的是，透過簡單有紀律的固定行程強化意志，以及透過觀察想法和行動之間幽微的轉換空間，來辨認能量型態的意志。

作法：從新月開始直到滿月，計時五分鐘，然後開始在你的手帳中書寫。如果能每天選擇同一個時間執行這項練習更好。

關鍵在於時間到之前絕對不做其他任何事情。就算不知道要在手帳中寫什麼也沒關係。如果你覺得卡住了，可以單純寫下：「我現在書寫是為了觀察還有辨識自己內在意志的力量。」不管你寫什麼，真正重要的是書寫本身。

我選擇了書寫當作這個練習的例子，是因為我發現書寫是巫者每天所能夠做到最有力量的事情之一。如果能夠把它當作每天的習慣會非常有幫助。所以，如果重點不在於我們寫些什麼，那目的是什麼呢？目的在於觀察你的心靈從想要寫下某些東西的想法，過渡到實際動筆這個行動的過程。

書寫的同時，找到想法和行動之間的間隙，因為你所需要專注還有辨別的正是那份意志的能量。

✦

建立關係，避免利用

成功施術的另一個關鍵是：你用什麼方式對待咒術中使用的媒材。把咒術中的材料視為僅僅只是……拿來用的素材，是非常西方殖民主義的心態。巫術講的是聯繫。你跟自我、神靈、自然還有宇宙聯繫在一起；將這一切都視為同等的存在，卻又矛盾地相異。我們全部都是一體，然而每個個體也都獨一無二。即便是同種藥草或水晶的兩個個體，各自也都會是獨一無二的，彼此之間稍微有點不同。透過尊重與敬意的力量，我們創造聯繫。這就是為什麼很多巫者相信萬物有靈，認為所有事物都有生命，蘊含靈魂。

「泛靈信仰」（animism，或譯為「萬物有靈論」）是基督教視野下的西方人類學家訂立出的詞彙，用來描述他們不熟悉並視為「原始」的靈性與宗教體系；在這些信仰體系中，人們相信看似沒有生命的物件也有靈魂。然而，如果我們仔細觀察，會發現泛靈信仰幾乎遍布全球，在任何文化中都能看見；就連基督教前的歐洲原始

信仰也相信萬物有靈。泛靈信仰被認為是世界上最古老的宗教信仰形式。

我相信萬物有靈是人類自然的傾向，只是我們被訓練脫離這種世界觀。我們甚至可以看到許多現代的例子，其中人們在日常中參與在泛靈信仰裡而沒有發覺。例如，交通工具——不管是船、腳踏車或汽車——會被賦予名字、人稱，人們也跟它們說話。另一個例子是電子設備，尤其是它們開始故障，或讓令人失望的時候，人們就會開始跟設備說話、喊叫，甚至苦苦哀求它們重新運作，好像它們是人類，這是非常常見的現象。

我們在思考汽車、船隻和電子設備時，可能會認為它們不可能有靈魂，因為它們距離自然世界非常遙遠，而且還是以不同的零件組成的。不過，僅僅因為某個東西由多個部分組成，經歷巨大的轉變後遠離了原來的自然狀態，不代表它內在就沒有蘊含靈魂。如果觀察一下人類，會發現我們也是由許多不同的基本要素，甚至是各種獨立的生物生命形式組成，從單細胞細菌到組成人體的幾兆個細胞；然而以單一的身體而言，我們還是有一個單一的主要意識。我們會在烤派的時候使用各種不同的材料，但一當派完成了，它就不再只是那些材料了；它現在是個派。咒術編織也是一樣的。雖然我們在編織的過程中使用了不同的媒材，它們扮演的角色通常是組成某個有自己靈魂的整體、某個新事物的一部分。例如，如果你要做一瓶魔法油，它會包含各種不同的精油媒材。油完成了之後，它就不再是創造了它的那些精油了；現在它是

個嶄新而獨一無二的存在。對所有媒材帶著敬意，並把它們當作有自己獨立靈魂的存在對待（像是有自己功用的細胞），最後也把完成的產物視為有自己靈魂的整體：我發現這是一種強大的魔法操作方式。

我們也能看見小孩自然而然展現出萬物有靈的世界觀，他們時常會跟玩具、植物，還有看起來無生命的物件說話，並把它們當作會自己行動的活物對待。觀察孩童與他們跟世界互動的方式，是打開魔法和靈能力的鑰匙，而這就是個非常好的例子。透過泛靈信仰的觀點觀看世界，能大大提升你的靈能力，因為你向新的可能性敞開了心靈，相信你與周遭可見或不可見世界之間有對話的可能。記得：它們不只是工具或素材；它們是盟友，是協助建立魔法的內在世界與外在世界之間的橋梁。

施術時，跟咒術的物質成分連結最簡單的方式，就是一一感謝它們，向它們致意，請它們在工作中提供協助，並謝謝它們的支持。這個簡單的作法轉變了你跟素材之間能量關係的運作方式，你也會發現跟媒材的靈合作，與單純把它們當作材料之間有效果上的差別。盡你所能確定媒材的來源跟採收都合乎道德，也是另一個對媒材之靈表達敬意的方式。雖然不總是一定能做到，但在能力所及範圍下，你應該努力做出更好的選擇。下面的練習，是我第一次連結一個媒材，用來熟悉彼此的方式。

連結魔法媒材

　　如果媒材在身邊，把它握在手中。接地、回到中心，進入阿爾法狀態。把意識帶往你的暖意之釜（Cauldron of Warming。見第三章關於「三只大釜」的說明）——位在肚臍下方。觀想小我的能量在其中旋繞，好像有個人用勺子或湯匙在攪拌一樣。然後想像裡面的液體開始漫溢出來，進入你的體內，彷彿你的體內是中空的。大釜裡的湯汁溢出，慢慢把這種意識完全注滿你的身體，從下到上，直到全身都充滿這股能量。

　　發聲說出，或在心中宣告：「我希望跟（物件的名稱）之靈在完美的愛與信任之中和諧共鳴。」

　　掃描你的內在知覺，感覺到了什麼？有沒有看見任何畫面？也許你會聞到或嚐到某些味道；也許你會感覺到或聽到某些事物。在你的巫者之眼中觀想物品的靈，然後跟它自我介紹。花點時間與它同在，問問題，認識對方。

　　結束後，感謝對方。觀想充滿身體的能量回到大鍋中。

　　現在再重複這個步驟兩次，一次使用中我的動能之釜（Cauldron of Motion）——位於心的位置；接著使用高我的智慧之釜（Cauldron of Wisdom）——位在頭部。留意感覺起來有沒有任何不同。物件之靈有同樣的型態嗎？還是有所不同？使用不同的靈魂接觸它，它的反應有沒有不同？有沒有傳達不同的訊息？

塔羅清理與充能儀式

德蕾莎‧里德(Theresa Reed)作

魔法吉時:一次在滿月,一次在新月

媒材:

- 你的塔羅牌
- 檀香 (我喜歡用線香)
- 絲布
- 黑碧璽
- 龍血香
- 粉晶
- 透石膏 (selenite)

目的:這個儀式分成兩個部分,目的是清理塔羅牌上的負面能量,並注入正面、療癒的能量。清潔塔羅牌的理由很多,最常見的有:

- 你用同一副牌算了非常多次
- 在一次特別負面的占卜後想要清理牌卡
- 有人送你一副新的牌卡
- 你繼承了別人的牌 (阿嬤留給你的那套托特牌)
- 你的占卜感覺很「水」
- 你幾百年沒碰你的牌了

　　坦白說,執行這道儀式不需要理由。可以把它視為非常好的靈性保養工作,能讓你的塔羅占卜像上了油的機器,運轉時發出悅耳聲響。

作法：滿月時，準備好塔羅牌、檀香、絲布和黑碧璽。打開一扇窗，坐在窗邊。點亮檀香，讓煙霧環繞塔羅牌大約一分鐘。

接著把香放在一旁，把牌拿在雙手之間。閉上眼睛，大聲說出或在心中默念：

在滿月之光下
所有負能量，聽我命令遠離牌卡

想要的話，可以使用自己的話說。重點是命令牌卡釋放任何、所有對占卜造成阻礙的能量。然後把牌放在絲布上，放上黑碧璽，整齊包裹起來。把包起來的牌卡放在月光下，靜置到新月。（在這段休息時間，我會用一套不同的牌來占卜，讓正在淨化的那一副牌能有足夠的時間變乾淨。）

新月來臨時，準備好牌卡、龍血還有粉晶。打開絲布，點燃龍血香，緩緩撥弄煙霧，讓它圍繞著牌卡一兩分鐘。（龍血有守護與吸引正能量的效果。）

然後，把牌拿在手中，靠近第三眼。大聲重複或默誦以下話語：

新月帶來新能量
我的塔羅準備好上工啦！

再次提醒，可以用自己覺得合適的話語替換。重要的是設下感覺正面的意念。把塔羅牌放在窗邊，在上方放上粉

晶，在新月下靜置一天後就能使用了。每次占卜間，在牌上放一支透石膏，這樣可以中和大多能量，保持牌卡的乾淨。

咒術檢查占卜

魔法吉時：任何時刻

媒材：1副塔羅牌

目的：在施咒前先諮詢一下永遠都是明智之舉。對巫者而言，大概沒有什麼是比占卜更好的顧問了。在執行咒術之前占卜，可以為你帶來洞見，讓你知道前方是不是一路暢通，或者你應該回過頭來重新檢視計畫圖，修改咒術。咒術檢查最簡單的占卜形式是使用靈擺，詢問「是」或「否」的問題。靈擺是學習聆聽並相信自己直覺很棒的「輔助輪」，使用靈擺一段時間後，你會發現在使用前就知道靈擺會告訴你什麼了。

不過，如果想得到更多關於咒術的洞見，用更複雜的占卜系統可以幫助你想出最佳的「攻略」，同時排除咒術上的疑難。我喜歡的占卜工具是塔羅牌，這點應該不會讓人意外。這邊分享在施法前為了確保結果成功，我會進行的「咒術檢查」。

作法：我首先會進入冥想狀態，專注在想達成的目標上，然後洗牌。例如，如果打算做一道有助於工作上得到升遷的咒術，我會專注在得到工作升遷這個目標本身，同時在內心發出祈求的禱告。這是我用的禱詞，歡迎根據你自己的靈性道路改編：

> 我受到神聖的指引
> 在此洗牌尋求清晰
> 神靈嚮導無數眼睛
> 為我昭示最佳路徑

接著抽出五張牌：

位置一——魔法的類型

位置二——對魔法的建議

位置三——可能的阻礙

位置四——執行魔法後的結果

我根據位置一的牌所屬的元素系列，決定要執行哪種類型的魔法。這能讓我知道塔羅牌建議的大方向，並把它納入咒法當中。根據抽到的牌本身，我也能得到更近一步的洞見。如果抽到大阿爾克那牌，我會根據它的行星屬性翻譯出掌管它的元素。以下是幾個元素與魔法類型對應的例子：

五芒星（地）——藥草魔法、水晶魔法、人偶魔法與繩結魔法

聖杯（水）——魔藥、靈藥、花精與水洗

權杖（火）——蠟燭魔法、性愛魔法

寶劍（風）——咒術吟誦、詠唱、祈願咒法、肯定宣言與冥想

　　這些純綷是說明元素對應的例子；相信直覺，真的去注視牌面上的圖像，它們可能有什麼要告訴你，即使不一定是那張卡「傳統」的意義。塔羅牌有很多「說話」的方式，包括圖像的象徵。

第三章

走向奧祕

Approaching the Mysteries

在《魔法顯化》中，我討論了好幾個三重結構模型，例如三個靈魂、三項煉金術要素、三只大釜，還有巫者之樹的三分宇宙論。這些都是我用來理解靈能力與魔法極其重要的概念，就跟元素、七星之力、星象影響等概念一樣重要，以上種種構成了魔法的基礎要素。因此，我覺得有必要複習這些概念，幫助不熟悉這些概念的讀者理解，也為已經對這些想法很熟悉的人帶來更深的洞見與視野。這些概念非常重要，能幫助我們連結魔法的奧祕，進而精通施展咒法，透過本書中的練習，就能獲得直接的體驗；這些概念同時是用來辨認與理解那些體驗的地圖，也是操作框架，幫助我們弄懂我們在哪一層現實施展魔法、我們的哪個部分在跟該層現實互動。透過使用這些三重結構模型，我們就能開始建造出放置在各個層面的自我操作框架，理解內在或外在各種不同現實層面上，我們對應並連結玄祕宇宙的方式。在玄學與神祕學中，關於意識、能量、現實與神聖之間的關係，存在著許多重要的根本概念。赫密士主義是古老神祕知識與現代靈性思想互補的結合，其中包含神智學（Theosophy）與新思想（New Thoughts）等靈性運動的創見。我覺得赫密士主義的七個法則將這裡提到的概念做了最好的總結，這些法則又被稱為走向奧祕的「主鑰匙」，實現了心靈主宰物質的內在力量。羅芮·卡波是我的巫術老師之一，她非常強調這七個法則的重要性，並認為它們是巫術的核心基礎，解釋了魔法如何運作、為什麼能運作[28]。在

---

28 Cabot and Cowan, *Power of the Witch*, 198.

我整個神祕學學習歷程中，各種概念不斷讓我回到這些基本的想法，只是表達方式不同而已；赫密士主義的七道法則勾勒了那一切概念的輪廓。

✦

三個靈魂

許多巫者認為自我有三個面向，把它們稱為三個「靈魂」，並指出它各自都是我們神聖的部分，即使我們一般或許不會那麼認為。根據巫術傳統的不同，這三個靈魂的名稱也有許多變化，每個靈魂體現什麼、如何被定義，在細節上也可能會有細微的差異。主要的分法通常是：高我、中我、低我（Higher Self, Middle Self, Lower Self）。高我是我們在現代用語中廣泛稱為「靈魂」的部分，是我們神聖、純粹的部分，來自「根源」的火花。中我是我們的人格、思維，還有「自我」的概念。低我是我們動物直覺的部分。有些傳統認為中我也應該包括身體，而有些認為身體屬於低我；同樣地，有些傳統將情感視為低我的層面，有些則認為情感屬於中我。我調解這些衝突的方式是，把我們在體內感覺到的那些最原始、未經處理的情緒歸給低我；中我的情感是經過處理，我們可以命名、描述，在一定程度上控制的情感。

與神祕學中的一切相同，這些概念都只是地圖與模型，幫助我們瞭解自己所操作的能量與概念，都不是完美或絕對。如果太過糾結於這些地圖，用字面上的意義理解，或視為絕對現實，我

們就開始混淆地圖和現實地形了。最重要的是，我們需要這些地圖，來讓中我明白高我和低我理解到的事物。在這三個自我上，我們也可以看見它們跟一個人意識的三種型態之間有著連結與平行關係：中我對應到表層意識，低我對應到潛意識，高我則是心靈超意識的部分或集體意識。在大眾主流靈性文化中，慣常的用語是思維、身體與靈魂（Mind, Body and Spirit），雖然也跟巫術傳統的想法平行，但是比較稀釋的版本。

✦

三只大釜

三只大釜是組非常實用的工具，可以用來與三個自我互動合作。三只大釜是我們處理、煉化與轉化能量的中心，這個名稱來自愛爾蘭吟遊詩人詩歌《詩之大釜》。經過操作三只大釜，我發現它們也會「烹煮」能量：它們會處理、混合、過濾能量，並以不同於原先的形式輸出，就像你會在一鍋湯中加入不同的材料混合，最後創造出不同於所有個別材料的料理。三只大釜也是三個靈魂的聚焦中心，可以作為我們內在的能量容器，讓我們更容易專注於三個靈魂與之互動合作。

第一只大釜是暖意之釜（the Cauldron of Warming），位於肚臍之下。暖意大鍋從環境、移動、性行為還有與自然的聯繫得到火力，熬製一個人的乙太、創造力、再生與生命能量。第二個大鍋座落在心，是動能之釜（the Cauldron of Motion）。《詩之大釜》

說這個大鍋在它身旁誕生，在人們心中因為巨大的喜悅或憂傷而開口朝上穩坐，或上下顛倒。我們在這個大鍋中處理情緒能量，能夠喚起情感的事物都能為它添加薪柴，像是電影、音樂和詩。動能大釜熬煮著星靈能量。第三只大釜是智慧之釜（the Cauldron of Wisdom），位於頭部之中。《詩之大鍋》說，這只大釜在人的體內出生時是正面朝下的，而在生命中培養巨大智慧與靈性連結的人體內，才會正面朝上。這只大釜的薪柴是智慧的積累與融會貫通、神聖的連結，以及靈性修行。智慧之釜熬製著靈能、天空、神聖與超越的能量。

在妖精巫術傳統的藍玫瑰法脈下，還有黑玫瑰巫術中，三個靈魂分別被賦予了象徵符號[29]。低我被賦予的象徵是月亮，在占星術裡，月亮代表自我的無意識層面。中我被賦予的象徵是太陽，代表自我有意識的層面，就像太陽在占星中代表一個人的性格和自我意識。高我被賦予的象徵是星星，代表超越我們自我之外的意識。對我來說，這套象徵符號非常完美，因為它們展現了三只大釜在對應的領域中運轉的能量。

我的意思是，低我或暖意之釜處理的能量是月下（sublunar）的能量。「月下」這個詞彙來自亞里斯多德以地球為中心的宇宙模型理論，指在月球之下的能量。我們都知道地球不是宇宙的中心，但大多魔法師還是用這種方式執行魔法，為了儀式把自己所在之處視為宇宙的中心。月下能量是傳統四元素的乙太能量：

---

29 Faerywolf, Betwixt & Between.

地、風、火、水。中我或動能之釜被賦予了太陽的符號，指向所有所有處在太陽影響之下的事物——也就是我們的太陽系——以及古典七大星的星靈能量。高我或智慧之釜被賦予的象徵是星星，所以可以詮釋成「眾星」或天上的能量（例如黃道星座），以及更遠的星星系統（例如昴宿星團）。智慧大鍋的燃料來自「三道光芒」的能量，也就是神聖意志、神聖之愛、神聖智慧的體現——神聖能量的三位一體。這三道光以占星術中的變動、本位、固定（mutable, cardinal, fixed）三種型態表現出來；四元素和這三種型態結合後，表現在黃道上，黃道於是被四元素分成四個部分，每個部分再被這三種型態三分成個別星座。例如水象黃道星座分別是天蠍座（固定之水）、雙魚座（變動之水）和巨蟹座（本位之水）。

✦

三項煉金術要素

煉金術中有三項煉金術要素這樣的概念，這三項要素被視為煉金過程的關鍵。我們一定要記得，煉金術是使用靈性隱喻的靈性系統，在宗教權威把靈性探索者視為異端殺害的時代，那是用看起來沒有宗教意涵的方式加密靈性知識的方法，為了保護這些資訊不受傷害。這三項要素是：水銀、鹽與硫磺。煉金術士認為這三項要素存在於所有事物之中，它們的互動反應創造轉化。能量上而言，我們可以看到它們平行於三道神聖之光、三個占星型

態還有三個靈魂。巴弗滅（Baphomet）[30] 身上有著這三個要素的象徵，上方的火炬象徵硫磺（靈魂之火）、下方的水銀蛇杖，還有兩者之間思緒與意識的頭（鹽）。

煉金術	占星術	神聖之光	三個靈魂
硫磺	變動	神聖智慧	高我
鹽	固定	神聖之愛	中我
水銀	本位	神聖意志	低我

✦

三個世界與巫者之樹

另一個關鍵概念是世界中軸（Axis mundi）——世界樹。世界樹是以樹為模型，呈現三種首要存在世界的地圖。傳統上，世界樹被視為一棵巨大的橡樹，但在不同的異教徒和巫者之間也會有所不同。主要概念是，有一棵巨大的宇宙樹，其樹枝伸向上部世界，主幹是中間世界，樹根深植地下世界：三個分割開來的現實，彼此相連，也都是同一棵隱喻之樹的一部分。上部世界是集體無意識、超驗神性（超越我們物理世界的神聖性）和偉大宇宙之力的領域。中間世界是我們的物理現實，以及重疊的乙太現實、偉大死者、世界與世界之間的門路，還有內涵神性（存在於物理世界內部的神聖性）的領域。地下世界是祖先、星靈、地下神祇（與地下世界相關

---

30 更多關於巴弗滅的資訊，請見《魔法顯化》，頁106-9。

的神靈）原始之力、還有我們內在世界的領域。居住在各個領域的是各種不同種類的神祇與神靈，各自都有著自己的個體性且獨立自主。這三個世界對應到凱爾特傳統中的地、海、空三個領域：地是中間世界、天是上層世界、海是地下世界。巫者也在內在看見世界樹，與之合而為一，所以也被稱為「巫者之樹」；透過內在靈能的道路，巫者之樹是用來探索世界樹各個領域的工具。每個巫者心中的巫者之樹個體，與世界樹的連結，可以赫密士箴言「如是在內，在外如是」總結。

練習21

世界樹旅行

在一個不會被打擾的地方，找到舒服、放鬆的姿勢安頓下來。閉上雙眼，進入阿爾法狀態，接地、回到中心。

你注意到腳下地面上有一層銀色霧氣；霧氣開始在腳邊旋繞，慢慢環繞你的身體往上攀升，直到完全包圍淹沒了你的視野，除了銀色濃霧以外，你什麼也看不見。然後霧慢慢散去，你發覺自己身處在一座森林裡。

你的面前是一棵強大的參天橡樹；這就是世界中軸——寰宇世界樹。祂如此龐大，粗壯的樹幹彷彿巨大的梁柱，撐起整片天空。從你的角度看，可以看見上方的枝幹不知道延伸到多高的地方，彷彿抵達無限。在枝幹的高處，掛著銀色與藍色的星星，如同綴飾，用天上與異界的光芒裝飾著祂。

在樹的基部，你看見了彼此交纏的巨大樹根。有些樹根比你還大，有些比建築物還大。花幾分鐘觀察世界樹，留意細節。

所有橡樹都有自己的精靈（Dryad），是居住在其中的樹精靈，世界樹也是如此。世界樹的樹精是世界之魂（Anima Mundi），是整個世界、宇宙的靈魂。來到這棵樹的面前，把手放在樹幹上，感受樹皮的質地。然後你可以呼喚世界之魂，請求祂允許你進入。幾乎在轉瞬之間，你在樹的內部感到祂的存在，雖然看不見祂。花點時間連結這股能量，在你感受世界之魂的時候，看看是不是有任何訊息、畫面或洞見出現。結束後，感謝世界樹之靈。轉身離開世界樹，看見一片銀色的霧氣，踏回霧氣之中，直到再也看不見其他任何事物。讓霧氣散去，並開始動一動你的手指、雙腿，或任何幫助你回到自己身體的動作。準備好之後，張開你的雙眼，再一次接地穩定自身，回到自己的中心。

✦

赫密士主義法則

《卡巴萊恩》（*The Kybalion*）宣稱記載了古老赫密士教派的知識，是一本備受爭議的密典，由幽靈寫手「三名皈依者」（Three

Initiates）寫成。「三名皈依者」被視為這本書的出版者威廉・沃克・雅特金森（William Walker Atkinson）的筆名，他用各種筆名和假名寫作的習慣為人所知。

　　有些人覺得這本書的內容不是純粹的古代赫密士主義，他們是對的。大多被視為赫密士傳統的東西，往往被歸為三倍偉大的赫密士（Hermes Trismegistus）所著；但《卡巴萊恩》的作者沒有做出這樣的宣稱，而是將這本書獻給三倍偉大的赫密士。研究者，例如作家瑪莉・K・格瑞爾（Mary K. Greer）就指出《卡巴萊恩》的許多法則似乎是基於 Kore Kosmou，或稱為《三倍偉大墨丘利赫密士的世界處女》（The Virgin of the World of Hermes Mercurius Trismegistus）[31] 一書翻譯的導言，而後者是由安那・金斯福特（Anna Kingsford）以及愛德華・梅特蘭德（Edward Maitland）翻譯的。這些內容加上神智學與新思想的概念，創造了《卡巴萊恩》的基礎概念框架。

　　無論《卡巴萊恩》的赫密士主義有多純粹或多古老，它絕不是一本完美的書，有時甚至極有爭議性。因此，就跟任何神祕學文本一樣，不應該把它視為聖經。如同任何維多利亞時代，或後維多利亞時代的神祕學書籍，只要帶著透明誠實的態度，討論並理解到其中哪些想法、評論和話語會造成問題，我們還是能從中獲得許多。即便它有些很深的瑕疵，《卡巴萊恩》同時也富含洞見，尤其對於剛接觸神祕學與魔法的人來說更是這樣。事實上，《卡巴萊恩》一書將自己定義為「赫密士的」，採用的是「封印起來的」（類似「密

31 https://marykgreer.com/2009/10/08/source-of-the-kybalion-in-anna-kingsford's-hermetic-system

封」，*hermetically sealed*）意義，這是作者當代常見的用法；今日我們會使用「神祕」（occult）這個詞，表示隱密的知識[32]。所以，我覺得無論這本書來自古老或現代傳統，都不是重點；真正重要的是這本神祕哲學的書，分享了關於宇宙如何運作、人如何瞭解宇宙，並與其共同創造現實。有些我有幸稱為老師，最強大、有智慧的巫者，都擁抱並講授《卡巴萊恩》當中的赫密士法則，作為魔法之道的重要基石。

✦

唯心法則

《卡巴萊恩》的第一道赫密士法則是「唯心法則」。這條法則說明了世界是精神的產物──整個宇宙存在於「全」的心靈之中。元素之力，神祕學中組成現實的磚塊，都存在於「全」的心靈裡。這道法則告訴我們，所有存在中的事物都是偉大聖神的心靈建構。這暗示了在最根本的層面上，所有事物都是一體。意識是所有事物的基礎：物質、能力、精神。這也暗示了我們存在於偉大聖神之中，而且我們也是祂的一部分。存在與偉大聖神之中，同時也是祂的一部分，又暗示著萬物根本上都是神聖的，包括我們──而我們自己也有著心靈。我們既是偉大心靈的一部分，也擁有我們自己的心靈，表示我們跟偉大聖神一樣，能夠使用我們神聖的心靈能量創

---

32 匿名，《卡巴萊恩》，頁9。

造現實。因為根據這道法則，我們的思緒是能量，而如果我們能磨練這股心靈能量並引導使用，就能開始理解到自身作為現實共同創造者的神聖性。這點反映了狄恩‧弗瓊對魔法的定義，即在意識之中，引起符合意志之改變的科學與技藝。

✦

對應法則

《卡巴萊恩》的第二道赫密士法則是「對應法則」。這道法則說道：「如是在上，在下如是；如是在內，在外如是；如是小界，大界如是。」[33]這條法則說明了，一個層面的現實影響著另一個層面。

就像唯心法則，它也說明了「全」存在於一切之中，一切也存在於「全」裡。或者更清楚地來說：所有事物都存在於神聖意識之中，而神聖意識也存在於所有事物裡。一切都是偉大聖神的一部分，偉大聖神的整體也存在於所有事物裡。所有事物在自然中都是個片段，像全像投影一樣，是整體的一部分，也各自蘊含整體的完整結構。這暗示著小宇宙是大宇宙的藍圖，反之亦然。

此外，這道法則也說明了不同現實層面的事物之間，會被相對應的能量連結在一起。使用擁有特定元素、行星或星體頻率的植物或礦物，能讓我們汲取那些更強大的能量，並透過魔法創造改變。

---

33 匿名，《卡巴萊恩》，頁16。

這道法則也暗示著，我們內在所做的，也縝密地聯繫到物理世界更高層面的現實，反之亦然。

✦

兩極法則

　　第三道赫密士法則是「兩極法則」。這表示宇宙萬物都有與自己相對的一端，而一件事物與跟它對立的事物，其實是同一項事物在一道光譜上的不同部分。熱與冷、光與暗、接受與投射、正義與邪惡、喜悅與悲傷、生與死等等。一切不只與其相對事物相連，也是彼此互補的面向；結合在一起時才成為那件事物完整的真實樣貌。《卡巴萊恩》用以下這句話表達了這個概念：「一切都是雙面的；一切皆有其端點；一切皆與其相對事物成雙成對；像與不像同為一物；相對之物本質為同一物，而不同於度；極端相交；一切真理皆僅半真；一切悖謬皆得以調和。」[34] 最後一句是煉金術與神祕學共同的目標之一：將看似分離，其實是同一件事物兩半的能量，調和、重新合而為一。

　　我小時候最愛的電影裡，有一部是吉姆‧韓森（Jim Henson）和布萊恩‧弗勞德（Brian Froud）的《夜魔水晶》（The Dark Crystal）。這部電影完美詮釋了這個原則表達的概念。電影中有兩個主要的物種，他們相互對立也互補：邪惡、有攻擊性、自私、無知的史科刻

---

34 匿名，《卡巴萊恩》，頁19。

西斯（Skeksis），以及溫和、和平、無私、有智慧的烏魯玄奧者（Uru Mystics）。電影的重點是，這兩種存在本來是同一個物種——烏爾史克斯（UrSkeks），只是分裂成兩半。

✦

振動法則

第四道赫密士法則是「振動法則」。這道法則說明了「沒有靜止之物；一切運動著；一切振動著。」[35] 這表示沒有真正靜止的事物，一切都在振動，或以不同的頻率運動著。透過科學，我們知道甚至是看起來最堅固的物質，也是由移動與振動著的原子和分子組成。這暗示宇宙中的一切事物都在振動著，無論是物質或非物質。如果我們想起唯心法則，會明白一切都是由意識與思緒構成。這表示我們的思緒也有自己的頻率，而很多靈性、玄學與神祕學實踐者，都會提到某件事物的頻率。很不幸地，這被用來為事物貼上頻率「好」或「壞」的標籤，導致了一系列的問題，包括靈性上的忽視、鄙視。

✦

律動法則

第五道赫密士法則是「律動法則」。這個法則說明：「一切流出又流入；一切皆有其潮汐；一切皆有起落；鐘錘的擺動顯現在

---

35 匿名，《卡巴萊恩》，頁17。

萬物之中；擺向右方的幅度，正是擺向左方的幅度；律動相輔相成。」[36] 由兩極法則，我們瞭解到所有事物都只是它對立事物的另一個部分，兩極之間有一整道光譜。而律動法則指出一切都處於流動的狀態，從一端流向另一端；這點可以連結到《星際大戰》的臺詞「原力中的平衡」。能量從光譜兩極的其中一端流出，流向另一端；能量的一種表現形式最終也會化為與它相對的另一種形式。可以用象徵的方式思考這點，像是月亮的盈虧：月亮的光越來越圓滿，最後還是會消減，趨向黑暗，反之亦然。

　　這點和上一個法則配合起來，暗示著沒有恆久不變的事物；一切最終將會臣服於與其對立互補的事物，就像鐘擺前後擺盪一樣。這也為許多巫者相信的「萬物循環」概念帶來洞見：時間、季節、月相、重生……等等。

✦

因果法則

　　第六道赫密士法則是「因果法則」。其中說道：「有因必有果；有果必有因。」[37] 這表示任何存在的事物，都是先前事物造成的影響，而所有事物也都會留下影響。沒有任何事物發生之後不會留下後果。這個想法指的，並不是做好事就會有好報，做壞事就會有惡報；這不是一個道德概念，而是延續了萬物都在運動、萬物彼此緊

---

36 匿名，《卡巴萊恩》，頁21。
37 匿名，《卡巴萊恩》，頁23。

密交織在一起等概念。丟進池塘中的石頭會激起漣漪。同樣地，沒有任何想法、話語或行為在真空的環境中發生；一切都以某種方式造成了改變，無論好、不好或中立，因為一切都在跟其他事物互動著。《卡巴萊恩》把這道法則稱為律法，並說：「『偶然』只是尚未被辨認出來之『律法』的名字」，也就是說沒有隨機發生的事；任何事情的發生都有某個理由，或有另外某件事為原因[38]。

✦

陰陽法則

現在，我們來到了赫密士法則中最有爭議的一條，而會有爭議也非常合理。「陰陽法則」說道：「一切皆有陰陽；一切皆有其男性原則與女性原則；陰陽見於一切界域。」[39] 這裡也許需要多作說明。在閱讀很多比較古老、古典的神祕學文本時，我們必須有判斷力與誠實的心，同時從斷垣殘壁中救出還能夠使用的東西。一本書可能同時在某些地方有著無比深刻的洞見，在其他段落卻有很大的問題；而這包括大多神祕學的奠基文本。身為現代讀者，我們的任務是完整走過這些古老的文本，過濾有問題、帶著個人和文化偏見，與當時代意識形態的部分，發現其中的黃金，發現能應用在當下的事物。《卡巴萊恩》也沒有例外。

---

38 匿名，《卡巴萊恩》，頁23。
39 譯者註：匿名，《卡巴萊恩》，頁117。

很多維多利亞時代的神祕學說在自己的玄學理論中運用了陰陽法則，有些部分非常直接。受到這些傳統影響的《卡巴萊恩》，於後維多利亞時代寫成，因此沿用了許多異性戀本位的語言。雖然跟影響了它的前作相比，這本書的觀念稍微進步了一點，但在現代我們當下的認知面前，以隱喻來說，它還是有著很大的缺陷。《卡巴萊恩》強調，陰陽法則指的不是一件事物（或一個人）的生理性別，而是指生產與創造的能量作用。然而，它也接著說道：性只是陰陽法則發生作用，在物理現實中具體的展現[40]。這並不正確，而且混淆了作者嘗試說明的事物，因為這種思考方式根植在性別本位主義具有爭議的概念中[41]。在神祕學中使用性別當作隱喻，來描述宇宙萬物中相對而互補的能量，本身是有缺陷的，因為根據科學研究，我們知道生理性別跟社會性別（sex and gender）既不是二元的，彼此也不能劃上等號；而是跨越整個自然界的光譜，其中包含了人類。使用性別（gender）當作隱喻，也讓這條法則有所不足，因為一個性別並非根本上就比另一個更加「被動」、更有「接受性」或更「黑暗」；這樣的觀點完全基於性別刻板印象與性別歧視。

《卡巴萊恩》的作者似乎嘗試說明在他那個時代而言進步的想法，但卻沒有我們今天的框架可以表達，所以沿用了過去有缺陷的隱喻。例如，《卡巴萊恩》強調七道原則的重點更接近原子之間的「『吸引和排拒』、化學親和度、原子之間的『愛與恨』、物質分子

---

40 匿名，《卡巴萊恩》，頁117-118。

41 Magdalene, *Outside the Charmed Circle.*

間的吸引或聚合」，甚至是「重力本身」[42]。思考這樣著作的言外之意是種源自於愛的辛勤勞動，但只要完成了，就能得到無盡的可能性。生與死、創造與毀滅、接受性與投射、電能正極與負極：這些相對又互補的兩極之力，例如生命的投射性力量，還有死亡的接受之力──這些力量在我們的生命和魔法中都是活生生的。

在靈能力和魔法的脈絡中，《卡巴萊恩》談到「陰陽原則」在「我『在』」的概念中體現。根據這本書，「我『在』」可以分解成兩個部分──「自身」（I）和「我」（me）──這也能幫助我們理解「我『在』」[43]。這個法則把投射性的「自身」概念聯繫到心靈的表層意識（在我們的體系框架中，也就是中我），而接受性的「我」聯繫到潛意識心靈（或低我）[44]。《卡巴萊恩》也把「自身」與意志力、「我」與肉體與欲望連結在一起[45]。放在「三個靈魂」的框架下理解，這個部分對我來說就容易多了，其中「我『在』」是高我，被容納其中的是中我與低我。當這些部分和諧一致、處在平衡的狀態時，我們的靈能力和魔法就能爐火純青，這時表層意識能夠詮釋、轉譯潛意識的意象，並同樣為心靈意象注入能量，透過魔法顯化[46]。

---

42 匿名，《卡巴萊恩》，頁 122-123。
43 匿名，《卡巴萊恩》，頁 126。
44 匿名，《卡巴萊恩》，頁 124。
45 匿名，《卡巴萊恩》，頁 127。
46

心靈轉化冥想

魔法吉時：任合時刻

媒材：

- 月光之鑰鍊墜（非必要）

目的：這是我運用赫密士原則創造的積極冥想，目的是帶來《卡巴萊恩》文本中時常提到的「心靈轉化」（Mental Transmutation），使用起來非常成功。只要你想，可以在任何心靈轉化的練習中，使用你的月光之鑰鍊墜，這樣可以強化鑰匙的力量，也可以讓這個練習更有效，不過鍊墜並非必要。

作法：首先要決定你想轉化什麼：可以是某個情緒、關於自己的信念、某個固有思考方式或壞習慣。選擇好要轉化什麼之後，進入阿爾法狀態，接地、回到自己的中心。這邊以強化靈能力為例，我們來把「我無法開啟靈能力」這樣的信念轉化成「我的靈能力完全開啟」；你也可以調整這個練習，用來轉化任何希望轉化的事物。

閉上雙眼，首先評估你想要轉化的事物感覺如何。就我們的例子，把注意力放在「無法開啟靈能力」、「靈能力受阻」的感受。它看起來是什麼樣子呢？在心中喚出它的圖像。接著讓它停留在巫者之眼中，想像圖像上有一個

鎖。在心中把鎖命名為「靈能力」。花點時間，意識到你要轉化的自己的這個部分，其實是振動，或許是個物理的振動、一個音樂的聲調、波長圖、光的一種顏色，可能的話，或許是以上的組合。

　　讓圖像、感覺和頻率消褪，然後喚出跟它相對的狀態。以我們的例子，會是「靈能力開啟」的狀態。你對這樣的狀態有什麼想像呢？感覺起來如何？在自己心中喚起那些感覺，花點時間成為那些感覺。現在，根據你的想像，喚起對應這個狀態的圖像。同樣讓它停留在巫者之眼中，想像圖像上有一把鑰匙。將那把鑰匙命名為「靈能力」。然後就像之前一樣，想像這種轉化也是振動，跟前一種狀態產生了鮮明的對照。它們之間有什麼不同呢？

　　再次讓圖像、感覺和振動消褪。現在，在巫者之眼中同時喚起兩個圖像，彼此並列；在你希望轉化的圖像上看見一把鎖，在你想要的結果上看見一把鑰匙。鑰匙跟鎖互相對立，但也是同一個整體互補的兩個部分，一如你希望轉化的事物（在這裡是靈能力上的阻礙）和渴望的轉化結果（靈能力完全開啟），兩者也是同一道光譜上（以靈能力為一個整體）的兩個相對點。

　　這個時候，再次召喚靈能力受阻那種感覺的波長頻率。保持雙眼閉上，如果有配合使用月光之鑰，把它從脖子上拿起來。在心中把鑰匙插進鎖裡，並轉動鑰匙。把鎖

打開的同時也釋放了轉化的振動。同時感受原本的頻率，還有剛解鎖的頻率。感覺自己內在的頻率慢慢地跟新解鎖的頻率吻合、同步。在你感覺到原先的振動頻率開始改變時，解鎖的頻率還是繼續維持原樣。舉例來說，音調開始調整到想要的音高，顏色變化成想要的顏色，波長開始吻合想要的波長，情感符合想要的情感。

在心中完成了能量的轉化後，在心中或口頭上做出宣告，說明你剛剛完成的事，像是：「我靈能力的阻礙已經被轉化成完全開啟的狀態。我將這一切整合到自身及生命中。」完成後，再次接地、回到中心，離開阿爾法波，慢慢張開眼睛。感受一下練習之前和現在有什麼不同。

能量轉化蠟燭魔法

魔法吉時：任合時刻

媒材：

- 1支白色小蠟燭
- 1支黑色小蠟燭
- 1支灰色小蠟燭
- 對應目標的線香（非必要）

目的：這個咒術可以把任何情況轉化成相對的狀態。關於轉化法則在咒術的實際應用中，我所見過最棒的例子來自多蘿西・莫莉森（*Dorothy Morrison*）精采的書《超級壞女巫》（Utterly Wicked）[47] 當中的「能量飆換」咒（The Swifting of Energy）。那個咒法的目的是把任何施在你身上詛咒、邪術或任何負能量，都轉化成能幫助你實現目標的柴油。這裡分享的咒術，靈感來源就是「能量飆換」咒，也比原來的版本簡單，不過我非常鼓勵你去看看莫莉森教的版本。

作法：在安全的地方把三支蠟燭排成一排，彼此間隔一兩英寸。黑蠟燭放在左邊，代表一開始的能量；白蠟燭放在右邊，代表期望的結果；灰色蠟燭放在中間，代表能量從開始到轉化結果之間的轉換。這邊就讓我們來做一個讓思緒清晰的咒術當例子吧！首先，用說的方式，把黑蠟燭命名為當前的情況。可以指著蠟燭說：「蠟燭，你的名字是思緒混濁。」白蠟燭也同樣操作，宣告：「蠟燭，你的名字是思緒清晰。」然後指著中間的灰蠟燭，說：「蠟燭，你的名字是過渡。」

　　點亮黑蠟燭，誦讀咒語：

　　　　　　　蠟燭滴答並燃燒
　　　　　　　以意志話語我宣告：

光芒、火焰會留下
蠟燭餵養並改變。
開始與終點，一體的兩面
火焰跳著舞，開始有轉變
三支蠟燭，燃燒化解
光譜圓滿，能量轉變！

黑蠟燭幾乎完全燒完時（大多小蠟燭能燒兩個小時），把火傳給下一支蠟燭。我會用對應目標的線香來傳遞火焰，同時額外加強效果。以思緒清晰為例，我會使用香茅線香，用黑蠟燭點亮它，再用它點亮灰蠟燭。點燃灰蠟燭時，重複上面的咒語。灰蠟燭幾乎燒完的時候也這樣操作，用線香（或任何傳遞火焰的方式）點亮白蠟燭，再重複一次咒語。

47 Morrison, *Utterly Wicked*, 132-136.

第四章

清理與防禦

Cleansing and Protection

諺語「乾淨與神性比鄰」在魔法中也有它的道理。就像料理、手術或執行科學實驗，都要確定工作場地還有使用工具的乾淨，甚至需要消毒滅菌，避免被不想要的因子汙染。魔法中最重要的器具或工具是你自己：心智、身體和靈魂。我們要確定自己是暢通的能量管道，並且在適合的環境中施術，讓能量被聚集保存在等同於乾淨容器的空間裡。上一章，我們檢視了自我的三個面向，現在我們要討論這些面向為什麼會累積出清理的需求，還有清理的方法，以及如何清理環境中不平衡、不想要的能量。

高我永遠不需要清理。高我永遠處在潔淨的狀態中。而中我則是透過冥想、專注、改變意識狀態等方式清理，根本上來說就是清潔我們的心靈，進入一種開放與接收的狀態。在魔法中討論清理的時候，我們常常指的是清潔低我的各個面向：身體、情緒與能量。低我也被稱為「黏黏的我」，因為它會不斷吸收遇到的能量，像海綿一樣。這種類型的能量有許多名稱，但在巫術中，時常以古希臘語的「瘴氣」（miasma）表示。瘴氣根本而言，就是被視為性質沉重的能量殘餘。

我不相信瘴氣一定是壞的，而且它也不等同於某些宗教中「罪」的概念。就像一個人很髒不代表他就是個壞人。瘴氣無法避免，就跟汙垢一樣。光是日常生活，我們自然而然就會沾染髒汙，物理上跟能量上都是。巫者投入更深的能量工作的同時，也會比一般人更容易接觸到更多的瘴氣。巫會弄髒自己的雙手，物理上和能量上都是。那麼，為什麼清理瘴氣那麼重要呢？如前所述，這種能量很沉重，基本上會阻塞我們的魔法。這樣運行、直

接操作能量就會變得很困難；如果要施咒或進行如通靈或星靈體投射等技巧，就要避免這種情況，因為這些活動都需要保持能量的潔淨。

跟塵土一樣，瘴氣不只是會附著在人周遭的東西，也會堆積在物品上和各種場所中。在靈能的層面，對我來說，瘴氣就像一層薄膜；大量累積的話，就像黏稠的煙霧。有沒有看過靈媒舉辦通靈儀式的黑白舊照片？有些據說在照片上捕捉了靈質。不管這些照片是真是假，說實話，它們都非常可疑；不過用來表示我所理解的瘴氣累積卻非常到位。

某些事件或活動會產生更大程度的瘴氣，就像某些事物和活動會讓你物理上變得特別髒。再次重複，這些描述不是對能量好壞的評斷，就跟你在花園中勞動，或倒垃圾之後手不乾淨並不是件壞事一樣。如同這些例子，其中有個很好的判斷標準：任何在物理世界中會讓你想要洗手、洗澡，或讓你覺得不乾淨的事物，通常也會聚集需要清理的瘴氣。從物理上的髒汙、穿骯髒的衣服，到生活在髒亂的生活環境都是。想想看這些事物給你怎麼樣的感覺。情緒上和心理上來說，沖澡、穿著乾淨的衣物、居家空間清潔，都會讓我們感覺更放鬆愉快，有更健全的感覺。根據我的經驗，因為瘴氣直接跟低我相關，衡量跟我們身體和情緒相關的事物，有助於理解自己什麼時候在累積瘴氣。讓我們陷入焦慮不安的任何情緒狀態，都會吸引瘴氣，或者是瘴氣本身直接造成的後果。

再次重複，這一切本身都沒有絕對好壞；這只是每個人都會有的經驗，而且還蠻普遍的。

過渡儀式（Rite of Passage）例如出生、死亡等等，是會產生大量瘴氣的傳統活動，不管當事人是直接參與其中，或直接接觸到這些事件都是如此。疾病和能量療癒也是同樣的道理。根據我的經驗，每道咒法、每次星靈體投射、占卜和通靈，都會積累瘴氣，因為我們碰到的外在能量會像汙垢殘留在我們身上。幸好，清理瘴氣非常容易，尤其達到物理上的乾淨就贏了一半。

✦

清理與淨化之間的不同

在使用清理跟淨化（cleansing and purification）這兩個詞彙時，我會以程度來區分兩者的不同。相較於理解這兩個概念在強度上和頻率上的差別，你要不要跟我一樣區分這兩者的差異並不是特別重要。在魔法的脈絡下，清理和淨化之間最首要的差別在於：清理是比較隨性的能量清潔工作，而淨化是更深層仔細的清理。可以用居家清掃的方式來理解，清理接近撢灰塵、掃地、清除灰塵等工作；淨化則更像拖地、刷地、用蒸氣清理地毯。如果以個人衛生比喻，清理就是用肥皂跟清水洗臉，而淨化更像是去 SPA 做深層臉部清潔。

雖然清理跟淨化是必要中的必要，但你還是應該注意兩者功用和頻率的不同。我通常一個月亮週期只做一次淨化，因為我有

持續在清理自身和空間。我有規律地在清理，在進行任何魔法或靈能練習前，或能量上感覺特別汙穢的時候都會做。不需要太執著於清理和淨化；可以把清理當成是洗手，你可能會在吃飯前洗手，但不會在每餐之前淋浴；或許你很常淋浴，不過跟洗手相比還是沒有那麼頻繁。同樣地，如果在進行靈性活動前做好自身的清潔，會有很大的幫助。在能量的流動和連結上，你會發現巨大的不同。

清潔魔藥

魔法吉時：任合時刻

媒材：

- 玻璃杯
- 飲用水

目的：這是我個人本版的卡拉儀式（Kala rite）。我原先是從史東·飛利沃夫學到這個儀式，他分別在著作《之間與之間》（*Betwixt and Between*）[48]跟現代巫術大學黑玫瑰巫術學院裡，教授了好幾個不同的版本。

卡拉儀式是飛力（妖精）巫術傳統（Faery/Feri tradition）中的基礎儀式。根本上來說，這道儀式的目的是轉化能量，而不是釋放。它能把你的阻礙、對你沒有幫助的情緒或心智能量轉變成能夠給你力量、為你帶來療癒的事物。

---

48 Faerywolf, *Betwixt and Between*

作法：首先在玻璃杯中裝滿水。拿起水杯，靠近肚子，即低我大鍋的所在點。把注意力放在低我——也被稱為「黏黏的我」——吸收、儲藏各種情緒和心靈能量的部分。把水杯靠近肚子時，感覺內在所有的負能量跟阻塞都湧現出來。

開始緩慢穩定地呼吸，透過呼吸與意志力的引導，觀想負能量像有毒的汙泥或黑煙開始離開你的身體和能量，灌入你手中的水杯。

然後呼喚偉大的「根源／大靈」。在飛力傳統中，他們一般以「星之大女神」稱呼這股力量。歡迎使用任何你用來稱呼偉大神祕的名稱取代「萬能的大靈」。

舉起充滿負能量的水杯，靠近心，即中我大鍋所在的點。以堅定、充滿力量的聲音呼喚：

> 我呼喚萬能的大靈
> 你的身體構成現實
> 橫跨過去、此刻與將來
> 永恆的無盡者啊！

感受到「根源」的存在開始圍繞你，你由這股力量組成，如同萬物，如同空無。

接著，把注意力放在高我，你屬於「根源」、從未離開過「根源」的那個部分。

把注意力再次拉回心前的水杯，專注在想要轉化水杯的意念，並以堅定、充滿力量的聲音呼喚：

大靈啊！用你神聖的光
轉化這杯中之物吧！
使其變得乾淨，變得完美，變得正確
晦暗的鉛化為光耀的金吧！

觀想大靈與你合而為一，賦予你力量，讓你的氣場發著聖神火一般能量的光芒。如果要強化效力，可以執行「靈魂調和與巫火」的儀式（《魔法顯化》書中的練習 60）。你的巫火燃燒的同時，把水杯舉到前額，亦即高我大釜的所在點。

點亮我內在的巫火
釋放需要離開的垢
以我意念轉化此水
宇宙之力開始流動！

透過你的意志與想像，看見黑化的水開始閃閃發光，慢慢成為水晶般澄澈的療癒之水，然後喝下水。結束後，宣告：

不淨得到療癒
魔法完成煉金
如是在上，在下如是
以我意志，正是如此！

靈性汙泥清洗儀式茶浴

亞當・薩特威爾（Adam Sartwell）作

魔法吉時：基本上，這是依需要可以在任何時候實行的咒術；配合下弦月會有更強大的效果。月亮進入水象星座（巨蟹、天蠍或雙魚座）時，這種類型的清理效力會更強。

媒材：

- 1湯匙乾燥或新鮮神香草
- 1湯匙乾燥或新鮮檸檬香茅
- 1湯匙乾燥或新鮮薰衣草
- 大梅森罐
- 沸水
- 1把瀉鹽
- 選用：每次使用可加6滴薰衣草精油

目的：通靈人有時候對碰到的能量非常敏感。不管是在工作環境、派對或靈能大會經過一天的占卜，我們都可能帶著不屬於自己的殘餘能量回家。這個茶浴咒術很能幫助我放鬆跟放手。

作法：準備好梅森罐，開始把水加熱、煮沸。一次握著一種藥草，想像它們充滿光與能量。在心中，或大聲呼喚植物之靈前來幫助你清理自身變得乾淨。把藥草放進梅森罐裡，注滿滾沸的水。在罐子上放個盤子，以免植物的精油隨著蒸氣揮發。浸泡至少十五分鐘；十五分鐘後就能使用了，也可以

浸泡更久，但最多不超過一天。過濾之後可以馬上使用，或在冰箱中最多保存兩天。

把藥草茶加入溫水浴中。可以把整壺茶都倒進浴缸，進行更強的清理，或對自己溫和一點，把茶水分三次使用。要進行一次強力清理，或三次溫和清潔，完全依照你自己的喜好決定。加入一把瀉鹽，以帶來更多清潔的力量，最後也可以加一點薰衣草精油。

準備好浴水後，把雙手放在浴缸上方，想像水充滿了淨化的光。

唸誦以下文字，或自己編寫的咒語：

> 以老嫗、母親與純潔的少女
> 清理去除我承受的不淨
> 藥草、鹽還有神聖的女神
> 讓我身上只有我自己的東西

踏進浴缸，想像水吸收了你沾上的所有髒汙，中和能量。在藥浴中再朗誦一次咒文，然後好好放鬆，也可以額外再做清理的冥想強化效果。離開浴缸拉起塞子的時候，最後再說一次咒文，想像所有的汙穢都流去。

靈能提升浴鹽

魔法吉時：滿月和／或星期一

媒材：

- 1杯瀉鹽
- 1杯海鹽
- 10滴薰衣草精油
- 10滴茉莉精油
- 5滴艾草精油[49]
- 3滴胡椒薄荷精油
- 用來混合的大碗
- 16盎司（或更大的）梅森罐，用來儲存浴鹽

目的：魔法藥浴能做到的不止清潔你的能量，還能同時帶來特定的能量，將身體浸泡其中，讓能量充滿你的氣場。這道藥浴配方是我需要額外靈力連結加持時候的第一首選！

　　使用靈性或魔法藥浴時，有幾條傳統的規則：第一是不使用香皂、洗髮精或任何類似的東西。你的肉體應該要先清洗過，如果沒有，在泡藥浴前先沖個澡或泡個澡。這麼做有好幾個原因，最主要的是：你在執行儀式，要把日常洗澡的

---

49 譯者注：部分資料指出艾草精油具有毒性，使用請諮詢專業人士。艾草能夠通經助產，孕婦不宜使用。使用任何精油請先確定自身沒有過敏反應。

行為跟洗滌儀式區分開來。傳統上也不會用毛巾擦乾身體，而是自然風乾。這麼做被視為能夠把能量吸收到自己體內，而不是被擦掉、吸進毛巾裡。我一般會待在浴缸裡，冥想幾分鐘，直到身體乾燥。如果你不能泡澡或沒有浴缸，可以把任何靈性藥浴改編成淋浴版本，只要把浴鹽加進一壺溫水就行了。然後，在淋浴間裡慢慢把藥湯從頭頂倒下，讓至少部分的水能覆蓋你的全身。

作法：把兩杯鹽加入大碗中混合均勻。接著加入精油，精確加入需要的滴數。加入精油的同時，分別請它們幫助你調配這個配方。例如：「薰衣草之靈，我請求你的協助，幫助我調配靈能提升浴鹽。」加入茉莉、艾草和胡椒薄荷精油時，也重複同樣的請求。

　　用一支湯匙順時針攪拌，混合均勻。攪拌時說：

> 碗中的鹽在攪拌
> 三個靈魂在攪拌
> 四個植物靈，助我施咒
> 所有靈感官，敏銳無比

　　繼續攪拌，直到直覺上感到已經完成了，並把浴鹽裝進梅森罐儲存。泡澡時，用大約兩把鹽。把鹽加入水中時說：

> 以鹽，水被轉變。它不再是水，而是提升靈能力的靈藥：
> 　任何浸泡其中的，都會充滿它的能量。

　　然後泡澡。

靈性驅蟲劑

克里斯多佛・潘薩克（Christopher Penczak）作

魔法吉時： 黑月，或接近黑月的下弦月；也可以在星期二（火星日）或星期六（土星日）執行。

媒材：

- 大蒜（新鮮的或粉末），放在小碗裡
- 焚香用的碳餅
- 香夾
- 香爐，像是小大鍋或銅碗，在碗裡放入鹽或砂可以幫助散熱，讓你能夠安全拿著香爐

目的： 就像我們的身體會因為病原體受感染，我們幽微的能量身體也會有類似的感染情況。雖然對新手來說，這聽起來好像很可怕，但這其實是很平常的事，會發生在所有人身上。儘管大多數人對自己的能量體沒有認知，若非對應到生理上的感染，否則也不會意識到這些幽微的感染。就像物質世界有細菌、病毒還有寄生蟲，幽微的世界也有。雖然討厭，但這些生物並不邪惡。只有在我們能量體的自然免疫系統太疲乏，而無法有效處理這些病菌時，它們才會造成麻煩。你可能會認為通靈人、巫者和治療師有很強的免疫力，但我們是最有可能因為進行各種魔法活動，而過度消耗生命能量的一群人，也因此更容易受到感染。

從人類傳到人類的靈界細菌，通常是從人們最初、不想要的思念體（thoughtform）培育出來的；失去平衡、不健康的想法和念頭生出了根，受到情緒能量的餵養，不斷繁衍、投射，最後就成為了思念體病菌。它們有時候被稱為思想病毒，統治著我們的暴民心理。在社交媒體的這個年代，它們可能變得更加強大了。靈界真正對應到病毒的存在，通常來自非人類的元素世界，來自元素靈、土地靈、妖精的能量依附，通常是因為人在錯的時間處於錯的地方，在自然中做錯的事情，一般是褻瀆自然，無論當事人知不知道自己在做什麼。

　　靈界寄生蟲是吸取我們生命力和靈力維生的存在，通常會附著在強烈的情緒上，就像物理世界的條蟲、蜱蟲和水蛭，可能會神不知鬼不覺地從顧客傳到占卜師或治療師身上。長期憂鬱、恐懼和憤怒通常是吸引它們的能量，而源於這些情緒的藥物或酒精長期濫用，也會造成容易被侵入的破口。幸好，有抗菌和抗寄生蟲的藥草——抗寄生蟲藥草也被稱為驅蟲藥（vermifuges），因為它們把害蟲（vermins）從生理系統中「熏走」（fumigate）——在靈性上也有類似的功效。其中最好的驅蟲藥草包括龍芽草、黑升麻、黑胡桃、胡椒薄荷、艾菊、百里香、薑黃，特別是苦艾；還有個簡單又非常有效而且安全的選擇——大蒜。對大多數人來說，新鮮或乾燥大蒜都很好取得，而且對各種類型的輕微靈性感染都有效到令人難以置信。

作法：下弦月，接近黑月是理想的執行時刻，有助於驅逐有害的力量。如果在上弦月期間有需要，試著在火星日（星期二）或土星日（星期六）進行，這樣能最有效地喚起大蒜的力量。如果使用新鮮大蒜，先剝皮然後用刀剁成蒜末，雖然你可能會發現廚房香料架上的蒜粉實際使用上比較方便。

點燃炭餅，也就是傳統用來燃燒顆粒狀散香的那種，然後小心地把碳餅放在香爐的砂或鹽上，注意不要燙到自己。需要的話，可以使用香夾。有提把的大鍋是非常理想的香爐，可以讓你把它提起、移動。把大蒜裝在小碗中，感覺你手中的能量跟它溫暖、火焰般的生命力融合在一起，為之注入魔力，然後說：

> 大蒜之靈，我呼喚你：借給我你的力！
> 從所有已知或未知的
> 靈界感染、寄生蟲和附著的存在
> 將我釋放。
> 為了我最好的療癒
> So mote it be!

然後把大蒜撒在碳餅上。如果用新鮮大蒜，一開始少放一點，因為水分會產生蒸氣；慢慢增加用量，釋放出來的能量比煙來得重要。不要直接吸進產生的煙，氣味有點刺鼻；拿著香爐，以逆時針方向轉動身體，讓煙稍微在身體附

近環繞，每繞一圈，就把手稍微往外伸一點，在周遭創造出煙霧和火焰般的大蒜之靈組成的能量螺旋。感覺到環繞你的螺旋幅度不能再寬了的時候，放下香爐，停在中心的位置。做一個深呼吸，吐氣時多用點力，把所有不要的靈界病原體和寄生蟲呼出，吹進剛剛在身邊創造出來的大蒜之靈能量中。想像它們因為大蒜的能量分解或遠離你。重複三次，做三個深呼吸，用力吐氣。最後停下來，感受跟之前的不同。

再放一點大蒜在炭餅上，拿起香爐，距離身體一隻手臂的距離，然後開始順時針慢慢旋轉身體，逐漸把香爐收回、靠近自己，創造出往內的螺旋。來到中心點後，專注想像你的靈能護盾充滿大蒜的祝福和能量，阻擋了感染和寄生蟲。說以下的話來完成咒術：

感謝大蒜之靈，我請求你
再次賜我祝福，充滿我的氣場
守護我，讓感染和依附都遠離
共享祝福。

最後依個人需要接地，或許可以喝點水來平衡火能量。憑自己感覺需要，重複這道咒術儀式。

海鹽之火淨化

魔法吉時：這個咒術可以在任何時候執行

媒材：

- 防火的平臺
- 大鍋或防火的容器（最好有把它撐起的腳架）
- 百分比高的酒精
- 火柴
- 海鹽

目的：如果要完全淨化一個區域的能量，海鹽之火淨化是我的不二首選。這個方法會移除房間裡幾乎所有的瘴氣，所以可能會把你周邊的咒物或咒術無效化，之後你很可能需要幫它們重新注能。如果有靈體很難驅除，這個技巧也會非常有幫助，因為這個咒法會切斷能量供應，讓靈體無法顯化在我們這層現實中。

　　大多數人都認為鹽是魔法清潔媒材，而它的確可以用來清潔。事實上，鹽是用途極多的礦物，有很高的使用性。鹽是種結晶，跟很多水晶一樣，可以用各種方式對它編入指令。因為鹽的晶體結構是細小的方塊，而方塊是與土元素相關的柏拉圖實體，所以鹽對物理和乙太層級的現實有很強的影響力。鹽也是中間世界的煉金術元素，對應到中我[50]。

---

50 Grayle, The Hekateon 21。

執行這個儀式的時候，請務必萬分小心，永遠別忘了注意自己的安全。儀式中燃燒的火焰非常旺盛，絕對不可以沒人看管。這項技巧也不應該用於平常標準的清理；可以把它想成深度能量清潔工作。如果維持著健康的清理習慣，你是很常需要使用這道咒法。這個技巧只應被用在需要強大淨化的時候，例如嚴重疾病之後、死亡，或強烈的情緒能量發生後、鬧鬼，或一個地方累積了非常大量的負能量且難以移除的時候。

作法：在手掌中倒滿海鹽，把意識集中在鹽上。雖然不是必須，但可以執行「靈魂調和與巫火」練習，並把你自身的巫火注入其中，提升力量[51]。

> 鹽之靈，請你成為我的夥伴
> 幫助我清理淨化這個房間裡的能量。

　　接著把酒精倒入大鍋，剛好能蓋過鹽就夠了，不需要太多。劃一根火柴，並說：

> 一如我話語的宣告
> 隨著起火燃燒的鹽
> 空間裡所有能量不和諧
> 毫無殘留，灰飛煙滅！

---

51 見《魔法顯化》，練習60。

把火柴丟入大鍋中。點燃鹽和酒精的同時，觀想火焰像吸塵器一樣把所有不和諧的能量吸進去，全部燒毀。記得，不是不和諧的能量也很可能被燒掉。你會發現房間的能量完全改變了。最後記得打開窗戶，從戶外帶入一些新鮮的能量。

肉桂淨化儀式

魔法吉時：這個咒術可以在任何時候執行

媒材：

- 肉桂粉（*Cinnamomum verum*）

目的：這個使用肉桂粉的超簡單淨化法，是我最愛的儀式或咒術前淨化之一。我是從傑克‧葛瑞爾（Jack Grayle）的課程和書[52]學到的，他的作法靈感來源是 PGM。

---

52 Grayle, *The Hekatæon*, 21.

PGM 是《希臘魔法莎草卷》（Greek Magical Papyri）的縮寫。《希臘魔法莎草卷》是西元前三世紀以降，羅馬帝國統治下埃及地區的咒術集，其中的術法多元雜揉，綜攝不同信仰體系。肉桂不僅僅能夠淨化與聖化 [53]，PGM 還寫道：「神祇為其所悅，予其神力。」[54] 其中提到的神祇是「永恆之永恆」（Aion of Aions），或者我們可以單純理解成「大靈」（Spirit，大寫的 S）、根源，或甚至是現代神祕學脈絡下的巴佛滅（Baphomet），或你對宇宙中最高力量的概念。

以下的咒法是我在自己巫術中使用的版本，經過了很大的修改與調整。這個淨化儀式很棒的地方是：不需要燃燒任何東西，還有無論你去哪，帶著肉桂粉都超容易。你甚至可以從食品店買一些小罐裝的肉桂粉，放在車上、背包裡或錢包中。

我也發現，經常使用這個方法似乎讓我手掌的感應力提升了，伴隨著靈覺能力（psychometry）的增強，也就是透過觸摸獲得靈性訊息的能力。

作法：在手掌中倒上大約一個硬幣量的肉桂粉。接地、回到中心。

53 Blackthorn, *Blackthorn's Botanical Magic*, 117.
54 Betz (translator), *The Greek Magical Papyri in Translation*, 175, 182, and 188.
55 如需要複習氣場的各個層面（乙太體、星靈體等等），請見《魔法顯化》第十四章。

拿著肉桂粉，開始搓揉雙手，說：

我呼喚 *Cinnamomum verum*，肉桂植物靈。
請你完全洗淨我的肉身，讓我有資格來到諸神之前。

然後，用雙手拂過自己的氣場，從頭到腳[55]。跟著以下宣告，重複動作：

願我的乙太體如我肉體一般潔淨
願我的星靈體如我乙太體一般潔淨
願我的情緒體如我星靈體一般潔淨
願我的心智體如我情緒體一般潔淨
願我的心靈體如我心智體一般潔淨
願我的神聖體如我心靈體一般潔淨

把雙手放在胸口宣告：

願我在每個層面都得到淨化與清潔。願我的低我如我中我一般潔淨、中我如我高我一般潔淨、高我如眾神本身一般潔淨。

用一根沾有肉桂的手指在後頸畫一個等臂十字，先畫垂直的線條，由上往下，同時說：

如是在上，在下如是。

接著畫水平線，從左到右：

如是在內，在外如是。

結束後宣告：

我全然潔淨。

你手上應該不會有太多肉桂粉，如果還剩下很多，可以拍掉或去洗洗手。

✦

護盾與防禦的重要性

對自己的想法、情緒、能量還有行為負責，而非總是歸咎於他人是非常重要的一件事。我們常常是自己最強大的敵人；我也見過很多人陷入多疑的狀態，覺得有人對他們下了不好的咒，但其實是他們自己詛咒了自己。確定我們過著誠信、道德的生活，就能降低在生命中積累不平衡的能量（無論是魔法或其他種類的能量）、持續引發事端的機會。過著誠信的人生，是一個人在魔法中能做到的最佳防禦之一。

但這不表示我們不用在防禦上投注心力，也不代表如果我們是好人、只有正面的念頭，就會安然無事。壞事還是可能發生在好人身上，不那麼認為的人就太愚蠢了。保羅‧胡森（Paul Huson），在他一九七〇年代的經典《巫術奧義》（*Mastering Witchcraft*）中告誡讀者：「你涉足巫術之路的那一刻起，不可見的世界就響起了一聲呼喚，宣告你的到來。」[56] 朵琳‧瓦莉安特也暗示接觸魔法的危險：「很多人會告訴你：神祕學、巫術和魔法很危險。」但她也向我們肯定，一切都值得：「的確如此；若我們太

害怕而不敢嘗試，我們無法走得太遠。不過，我們可以選擇或魯莽地橫衝直撞，或運用常識、謹慎通過，魔法亦是如此。」[57] 她解釋，魔法可以是種帶有高度風險的力量，就像電力、核力、電視、媒體的力量，或任何有力量的事物。她接著論證，魔法跟以上的力量一樣，都能為我們帶來幫助，改善生活。

這也是為什麼我們不會罔顧安全一頭栽進魔法、通靈或任何能量工作中；應該帶著尊重、謹慎的態度接觸魔法，做好防禦措施。烤蛋糕、把蛋糕從烤箱中拿出來的時候，如果沒有戴隔熱手套，也會被嚴重燙傷！不要自負或過度自信以為自己可以空手把蛋糕烤盤從烤箱中拿出來！同樣地，不要在沒有防護措施的情況下一頭栽進能量工作，只因為你覺得自己技巧夠好所以不需要任何防禦。就算是好駕駛也不代表不需要繫上安全帶。

雖然在一個理想的世界中，我們不需要因為人或神靈保護自己，但不幸的現實是，我們有時候還是有這樣的需要。我所學到最重要的教訓之一就是認知到：就算我心存善念，不想傷害或控制他人，並不代表其他人也有著同樣的心態或動機。這是個危險的世界，充滿危險的人，非物理現實也包括在內。有時候我們的確需要保護自己，無視防禦的重要完全太過天真了。

有些人會把「護盾」（shielding）和「防禦」（warding）兩個詞彼此通用，但這兩者間有重要的不同。「護盾」就是字面上的意思，

56 Huson, *Mastering Witchcraft*, 136.
57 Valiente, *Natural Magick*, 11.

也就是在自身、某個物件或場所上加上一層防禦。對某件事物做出「防禦」，指的是把那件事物驅離。可以把「護盾」想成烏龜的殼，「防禦」是有毒生物身上鮮豔的顏色，發出訊號警告其他動物不要靠近。還有另一種理解方式：城堡周圍的護城河就是一種護盾，讓入侵者更難進入；而裝在城堡上或城堡周遭的石像鬼，則帶有驅邪的目的，用來嚇阻人和神靈，減少被攻擊的可能。

練習 30

九天符印

班妮貝兒・溫（Benebell Wen）作

魔法吉時：下弦月，越接近黑月越好；這個時刻屬陰，靈界的存在力量會有所提升。

媒材：

- 檀香或雪松薰香
- 紅蠟燭（需要足夠的蠟燭來照亮你的儀式空間大約一個小時）
- 鮮紅色的墨汁
- 畫封印用的媒材

目的：以下符印是經過修飾的甲骨文，四個字分別是「九天玄女」。九天玄女是西王母的徒弟；西王母被視為黑暗女神，而九天玄女在她底下修得了祕術與兵法，並在後來成為

黃帝的主神。根據傳說，九天玄女教導了黃帝宮廷方術與軍事謀略。在不同的朝代，她對不同的族群分別體現了不同的力量；不過由於她跟儀式魔法與巫術的關聯，九天玄女在玄學家之中特別受到愛戴。跟她的師父一樣，九天玄女也被視為黑暗女神，對發起正義之師毫不避諱；而她同時也被視為慈悲的善良女神，因為她也跟觀音有所連結。

有著誠信、榮譽、善良、忠誠與高尚道德情操的術士，在知道或直覺感知到來自他人的靈能攻擊時，通過儀式製出九天玄女的封印就能呼喚她的守護。這個封印也能斬斷任何附著在你身上的負面影響。畫符印的時候誠心最重要，藝術美感其次，所以不用太擔心符印的美感和線條精確度。

作法：深夜時分，在陰暗的房間裡只用蠟燭照明。用其中一支蠟燭的火點亮薰香；薰香連結了人和天界。接下來準備開始在一個平滑的表面刻劃符印，之後可以帶在身上當成護符。你可以考慮用圓盤狀的木片、平坦的圓石或拋光過的寶石墜面。

刻劃九天玄女名諱的第一個字（九）。書寫的同時，口中唸誦「九」。

　　然後把最真摯的情感灌注在你接下來要表達的的話語、禱告或思緒裡，誠實告訴九天玄女困擾你的事物和呼喚她的理由。用母語說出或表達你的情感。

　　刻劃第二個字（天），同時口中唸誦「天」。

　　使用崇敬的詞彙，正式請求上天的守護，同時給出一個理由，說明如果你受到保護、安然無恙，對大局會有什麼好的影響。不需要是個交易性質的契約，重點是重申你對周遭世界所帶來的善，並重新宣誓會幫助需要的人。

　　在第二個字左邊刻劃第三個字（玄），彷彿我們在用符印畫出一個順時針圓圈。這個字代表「屬於神祕的」、「玄祕」，暗示著黑暗或不可見。唸誦「玄」。

　　觀想你到這裡傾注的所有情緒化為一條能量線或藤蔓，此刻你把它們聚集、收束在一起，成為統合的力量。

　　帶著強烈的意念，把那股統合起來的力量化為回擊之力。感受那股從天頂流洩到腳底的神力灌注，持續增強席捲而來，大大提升了你自身的力量：這就是召喚九天玄女成功了！是她把這股力量和堅不可摧的靈力充滿了你。

　　刻劃最後一個字「女」，並唸誦「女」，同時放鬆、讓身體和心中的所有緊繃疏鬆開來，然後對九天玄女表達感謝，感謝她前來幫助你、賜予你保護自己的力量。

以順時針的方向，繞著四個字畫一個圓，同時說道：「急急如律令！」這是傳統道士用來完成術法用的咒語，類似女巫的「so mote it be」。最後讓畫好的符印靜置在祭壇上，直到完全乾燥。

符印現在已經注入力量了，它能夠讓任何射向你的攻擊性魔法失準或消散。如果有惡靈糾纏，緊握護符就能斬斷並趕走惡靈。（如果是惡靈糾纏的情況，斬斷在身上的糾葛之後，可以考慮也在周遭環境進行驅逐儀式。）

即使跟九天玄女在過去沒有關係，只要施術者有誠信、榮譽、善良、忠誠和高尚的道德情操，在受到不公義的傷害時，九天玄女還是會回應祈請降臨。

練習31

靈能防禦的那種夜晚
史東・飛利沃夫（Storm Faerywolf）作

魔法吉時：日出前的任何時刻；這道咒術會在日出結束

媒材：

- 1支白蠟燭
- 1張長寬大約各2公分的方形紙片
- 1支筆
- 中型的碗，水裝半滿

- 有線的棉或麻質小袋，或沖茶器
- 1點迷迭香、薰衣草、艾草、鹽和整顆黑胡椒粒
- 1小塊白水晶
- 火柴或打火機
- 大鍋或放灰燼的容器

目的：這個咒術的目的是在意識周遭設下短期的半透防禦界線，讓你進行通靈工作的同時受到保護，不受不想要的影響干擾。

作法：準備好材料。首先執行任何你最熟悉的接地或神聖中心練習。完成後，把水晶拿在手上，讓你的視線可以穿透水晶，看到還沒點燃的燭芯的角度。點亮蠟燭，並說：

自黑暗中我召來光明
於我內在閃耀，賜我指引

想像燭光透過水晶傳輸到你身上，燭光跟你內在的神聖之光是同一道光芒。專注在這道內在的光，帶著彷彿你要供奉一位神明的態度，用崇敬的方式把自己的名字寫在方型紙片上。然後把紙片折成小方塊，在上面畫一個五芒星。

現在，把水晶緊緊壓在紙上，非常小心地把蠟液滴在上面，把整個東西密封起來。請確定水晶和紙都完全覆蓋在蠟液裡。

乾燥之後，把它跟藥草還有一點鹽放在小袋子或沖茶

器裡，關好沖茶器或綁緊袋子。在水中丟進一把黑胡椒粒（代表負面的力量），還有薰衣草（正面的力量）、迷迭香（淨化／防禦）和艾草（靈視）。在碗中以逆時針的方向撒下一圈鹽，並把小袋子或濾茶器放進水碗中央。想像水晶仍然閃耀著你的內在之光。開始用小袋子／濾茶器攪拌水，同時唱誦：

> 內在深處湧出的光
> 此刻為我指引方向
> 逆反陰影，擊退恐怖
> 護我神魂，直到天亮！

聚集能量注入水中的同時，持續重複最後兩行咒語。小袋子或濾茶器象徵了正面的力量同時在你個人的界限內部，也在外部，而負面的力量則停留在外面。感到準備好的時候，拿起小袋子或濾茶器，接住幾滴滴下的水，塗抹在第三眼、喉嚨、後頸頭骨跟脊椎相接的地方和雙手，用以祝福自己。再次把它放入水中，然後拿起，同樣接住水滴，不過這次灑向四周。晚上剩下的時間都把覆滿蠟液的咒物帶在身上。到了日出，咒法就解除了。水可以繞著屋子倒掉，藥草依你覺得適合的方式處理。隔天把咒物拆解開來，取回水晶（未來施展防禦咒使用），並把沾滿蠟的紙在大鍋中燒掉。

邪眼咒瓶

魔法吉時：星期六

媒材：

- 1個藍色的玻璃瓶

目的：「邪眼」這樣的民俗信仰廣為流傳，在多神信仰和一神信仰兩種體系中都有，遍布全球。「邪眼」是這樣一個概念：嫉妒你或對你抱有不好想法的人，可以透過觀看對你送出有害的能量。關於邪眼的相關文字記載可遠遠追溯到古烏加里特（Ugarit），而且這個信仰很可能有更久遠的歷史。然而，關於邪眼，目前我們所知最有規模的書面文獻，是來自希臘古典時期的作者。

　　有趣的是，在不同的宗教、傳統和文化中，如何避開邪眼都是個不斷重複出現的主題 —— 也就是眼睛的符號、手和深藍色。有些防禦邪眼的護符，像是藍眼玻璃珠（nazar beads）就混合了兩種元素，通常是深藍色的還描繪了眼睛。其他的護身符，像是漢薩之手就揉合了全部三個元素。然而，追溯漢薩之手和藍眼珠的根源都非常困難，因為它們在地中海和中東文化中有很多的變化，範圍從猶太教、印度教延伸到伊斯蘭教和希臘原始信仰。

　　成長過程中，我對邪眼護符不是很熟悉，直到我在

玄學用品店見到它們。一直到我年紀更大一點，我才發覺漢薩之手和藍眼珠這類護符的邏輯，跟我小時候學到的傳統非常相似。雖然我的家庭比較保守，但仍然保留了一些他們說是「迷信」的習俗。而這些習俗根本上就是種魔法，不過不會被稱為「魔法」，而是「單純就是會那麼做的事」。這些習俗最有趣的地方就是，他們會用一種同時不相信，但又深信不疑的方式討論：「不要不信邪」。反觀過去，這些習俗似乎是古老民俗魔法的遺留，雖然跟我家族現代的宗教信仰衝突，但還是經過許多世代殘存了下來。

其中一個習俗就是拿一個深藍色的空瓶放在會灑進陽光的窗邊，用來把他人的惡意隔絕在外。而我另外在這個習俗中加入了更多的魔法意念。

作法：確定瓶子是乾淨的空瓶。把瓶子拿在手中，告訴它：

> 有福的深藍之瓶
> 為我唱一首真實的歌曲
> 一首真實的歌曲，守護並驅離
> 所有來自仇敵的惡意

把下唇靠在瓶口，吐出長長的氣，製造出悠長的聲響。想要的話可以多做幾次。然後宣告：

> 瓶子湛藍深邃
> 濃烈如海如天

> 仇敵的邪惡之眼
>
> 永遠不許越界

最後把瓶子放在窗邊，讓它發揮功效。

刮掉依附與牽連

魔法吉時：任何時刻

媒材：

- 1把鈍刀或類似的東西，最好是鐵或鋼製的玻琳 [58]

目的：我最先是從艾登・瓦掣（Aidan Watcher）的《六條路徑：魔法實踐的道路和取逕》[59] 這本書中學到能量刮除法的，在那之後就持續使用到今天，期間我對這個方法略有所調整。基本上，這個技巧可剪斷任何附著物、寄生蟲、掛勾或能量繩索，無論是你自己沾染上的，或其他情況下他人惡意發送到你身上的。如果感到有人有意識或無意識地在吸取你的能量，這個方法能帶來很大的幫助。

---

58 Boline：處理藥草和媒材的白手柄匕首。
59 Watcher, *Six Ways: Approaches and Entries into Practical Magic*, 148-149.

這個練習需要一把鈍刀，像是大多市面上販售的亞蓮[60]，或我更喜歡用的玻琳，也就是巫術中用來收割藥草的手持鐮刀。因為練習中會把刀靠近身體操作，請確認刀刃不銳利，不會割傷自己。艾登建議以距離身體一英寸左右的距離進行儀式。我覺得這非常有道理，因為那正好就是你的乙太氣場所在的位置，也就是某件事物在物理現實中發生前，多向度現實裡的最後一層。乙太層中，能量會獲得最強大有力的形式，並隨著時間累積固定下來。因此，在這個層面上做清理，等於同時也在氣場更遠的階層進行了清理。

作法：儀式過程中，想像你的玻琳閃耀著黑色的靈光。黑色是土星的顏色，對應到防禦、拔除以及能量界線。接著，把玻琳握在右手，與身體保持一英寸左右的距離，從頭到腳，緩慢掃過身體的左半邊。集中注意力，想著要把任何黏著在你能量上不好的東西削掉。進行的同時，唸誦：

> 土星之器，剪除清理
> 我氣場上，未經允許
> 那一切的依附體
> 以意志之力，皆盡分離。
> 無論勾結、寄生蟲或繩索
> 或其他無序思念體的附著：

---

60 Athame：黑柄儀式匕首。

> 我把它們，通通刮走
> 變得清潔、乾淨而自由。

接著用左手拿著玻琳，在身體左側重複同樣的動作。

完成能量刮除後，花點時間感受一下自己脫離這些依附物還有勾結之後有多乾淨清爽。同時觀想自己的能量身體發著白光，充滿力量而堅毅，就像身體成功擊敗病毒後，免疫力也得到提升。宣告：

> 以這清晰的能量
> 我的免疫力此刻升級
> 任何想附著上來的
> 壞能量，都無法靠近。

最後開啟護盾收尾[61]。

---

61 基本護盾作法的複習，請見《魔法顯化》練習43。

靈能巫者繩結

迪凡・杭特（Devin Hunter）作

魔法吉時：新月

媒材：

- 至少跟你身高一樣長的繩子
- 白紙
- 小瓶子
- 黑色小布袋
- 藍色小布袋
- 艾草
- 芸香
- 迷迭香
- 玫瑰果
- 黑胡椒
- 薰衣草
- 蓍草
- 玫瑰
- 你的頭髮
- 鉍晶
- 鈴鐺

目的：「巫者繩結」在歷史上有許多不同的名稱和變化，在某些傳統中被稱為「巫者之梯」（Witch's ladders）、「惡魔的

尾巴」（Devil's tials），或稍微沒有威脅性的「妖精的繩索」（fairy ropes）。這是一種垂直的祭壇，向繩索或絲線注入力量後，跟護符、咒物等等綁或編在一起製成；可以為了各種不同目的製作。

巫者繩結很適合幫助我們從不同方向處理同一個問題，把數個小魔法（彼此間可以互相替換）融合成一個和諧的大魔法。這裡的目的，是製作一條靈能巫者繩結，特別做來提升自然的靈能力、防禦星靈界的髒東西，還有最重要的是，幫助你跟指導靈溝通。

作法：製作巫者繩結的第一步，必須先量出我們的「身長」。這是個巫團遵循的古老巫術習俗，新成員接受入會儀式時會量身高，並用繩索在眾人面前做出新成員的副本粗胚。之後由主持儀式的司儀負責保管這些繩索，在需要的時候當作魔法連結以影響成員。就這邊的目的，我們會先用繩子量出自己的身高，之後繫上護符跟其他咒法。

首先拿一條跟你身高一樣長的繩子，作為整個魔法的中心咒物。繩子的粗度不該超過 $1/2$ 英寸，不然之後打結會有困難，而且長度會改變太多。我建議使用黑色繩子，不過也可以自由使用你覺得能代表自己靈能力的任何顏色。在繩子兩端打結，避免散開。這就是第一道身長測量。

拿起繩子的一端，在手腕上繞一圈並且在相交處打一個結。這是第二道身長測量。第三道身長測量：拿起繩子同一端，繞腰部一圈，同樣在交會處打結。在胸部和頸部重複動作，完成最後兩道測量。打完共六個結後，測量就完成了。

　　接下來，把繩結拿到你最喜歡的靈能薰香上旋繞過香，賜予祝福：

> 天靈到地，環繞四方
> 我量好了我的身長
> 自願給出，魔法推動
> 此咒永不破滅消亡

　　把繩子對折成一半的長度，在中間做出一個圓洞並打結，讓它可以掛在鉤子或門把上。

　　現在，你可以自己決定要怎麼做了！可以把任何東西綁在這條繩結上：珠寶、咒瓶、魔法袋、打了洞的塔羅牌或藝術作品。我有時候甚至會在貝殼或樹皮上鑽洞，自己做珠珠。只要想像得到的都可以使用！而因為這裡在討論的是你的靈性健康，這個時候可以把握機會，弄清楚自己的需求。話雖如此，這邊有四個配方，你應該把這些都加在你一開始的繩結上。記得，你之後隨時都可以替換上面的東西，根據需要改變更新。每完成一件咒物，就用黑色、藍色、紫色、銀色或金色的繩線把它繫在繩索上。可以直

接把它們綁上，也可以發揮創意，把它們編織到原來的繩結之中。（歡迎依照個人資源調整以下咒物的使用。）

1. 靈能守護魔法袋

　　a. 在一個黑色小布袋中，加入三撮艾草、兩撮芸香、一撮黑胡椒，還有一撮自己的頭髮。

　　b. 朗誦以下咒語來注入力量：

> 黑胡椒、芸香和艾草
> 做我護盾，讓我不受侵擾！

2. 靈能感官提升魔法袋

　　a. 在一個藍色小布袋中，加入七撮薰衣草、五撮蓍草、三撮玫瑰和一小塊鉍晶。

　　b. 朗誦以下咒文來注入力量：

> 清晰視野天氣晴
> 靈能天賦永指引

3. 指導靈咒瓶

　　a. 在一小張白紙上畫下你的指導靈，捲起來放進小瓶子裡（最好使用有把手或開口處比較厚的小瓶子，這樣繫在繩子上比較容易）。如果還不太知道自己的指導靈是誰，就單純畫出你認為的指導靈的樣子。最後在瓶子裡加進兩撮迷迭香、一撮玫瑰果。

b. 輕輕把氣吹進瓶子裡，朗誦咒語來注入力量：

神靈請收下這份呼吸
清除阻礙，把門開啟
讓我們同在，如同一體
讓我們同在，一起努力。

4.ESP 提升風鈴

a. 清理小鈴鐺並注入力量，此有助於提升你對環境能量
變化的感應力。

b. 朗誦以下咒語來注入力量：

大小改變都留心
一或全部都知悉

在繩結上每加上一個咒物，就花幾分鐘觀想不同的部
分為了同一個目的一起運作，也就是讓你成為靈能力強大的
自己。觀想白光從第三眼湧現，被吸收到繩結之中，吸滿了
白光的繩結也開始溢出光芒，並說：

一個一個上繩結，來相會
我是你們的守衛
以那力量與其祝福的一切
以巫意志毫無欠缺；
此刻編織韻中物
長久延續到永遠！

把繩結掛在祭壇或你經常造訪的地方。滿月的時候，去看看繩結並與之連結，再次進行以上繩結祝福來餵養能量。

薰衣草檸檬連結水

莉莉絲・朵爾西（Lilith Dorsey）作

魔法吉時：新月

媒材：

- 1顆檸檬擠出的汁液
- $1/2$盎司乾燥或新鮮薰衣草花
- 1大匙乾燥艾草
- 1大匙沒藥粉
- 1大匙高良薑粉
- 1小塊新鮮的薑
- 1杯泉水
- 1杯自來水
- 大玻璃罐
- 醬汁鍋
- 自然材質的白布

目的：咒術有各種不同的形式。很多都從元素汲取能量：地、水、火、風都有各自特別的魔法，每個通靈人也知道運用它們來提升自己力量的方式。這道咒術強調的就是水無比浩瀚的力量。

　　這道配方有兩個基礎材料：檸檬和薰衣草。你可能在廚房或花園中跟它們比較熟悉。檸檬可以帶來守護和淨化，兩者都是嘗試跟別的世界接觸時必須的元素；薰衣草有

著非常美妙的香氣，能夠吸引良善的能量。艾草、沒藥、高良薑和生薑，都能幫助你對靈界能量敞開自己。最後兩種材料是水。從大地深處湧現的泉水，會為你的魔法注入新的活力；平平無奇的自來水，事實上則代表了你所在土地獨特的神靈，能把這個魔藥連結到你的家。

作法：在你的神聖空間或聖壇上準備好所有材料。在醬汁鍋中把水煮到微滾，水一滾就從熱源移開，加入檸檬汁、薰衣草、艾草、沒藥、高良薑和生薑，浸泡隔夜。如果能放在月光能照射到、賜予多一層祝福的窗臺上會更好。到了早上，用白布過濾，把完成的藥湯倒進大玻璃罐中。（你也可以把用過的藥草拿去堆肥，或埋在土裡。）現在罐子裡的連結水就可以使用囉！灑一點就夠了，加在洗地水、清潔噴霧或浴水裡，可以帶來更強的聯繫和靈能感應。

第五章

靈性幾何與靈性空間

Spiritual Shape and Siritual Spaces

不同的形狀會用不同的方式運行與儲存能量。關鍵在於對形狀下指令，告知它要怎麼動作、你想要啟動它哪個部分的力量。這跟植物或礦石的靈性性質很類似，它們擁有的力量都有著許許多多不同的面向；巫，在請植物或礦石幫忙的時候，會請求並告訴它們需要喚起哪個部分的力量，來幫助自己實現意圖。俗話說：毒藥與良藥長在同一株植物上。這表示同一株植物常常有著彼此相反的力量。可以用來治療的植物也可以下毒，反之亦然。真正重要的是你使用的是哪個部分。形狀也一樣。它們有能力以某種方式運作，也可以用完全相反的方式作用。這符合赫密士法則，其中說到任何事物都蘊含與自身相對力量的潛力，並能夠（也會）從天秤上的一端轉變成另一端。關於形狀，我所學到的絕大部分資訊來自伊沃・多明格茲（Ivo Dominguez Jr.），還有他的書《開啟神聖空間：所有魔法工作的核心》（ *Casting Sacred Space: The Core of All Magickal Work* ）。如果這對這一章的內容感興趣，強烈建議閱讀這本書，繼續深入學習相關概念。

談到靈性空間的幾何，我們需要先檢視各個神聖空間的目的是什麼；還有沉思，在決定要進行的魔法工作中，你的目的跟動機是什麼。首先，神聖空間讓我們能創造一個空間，與日常區隔開來，而且是神聖的。

神聖空間的開啟，能創造出承載能量工作和魔法的容器，或創造出一個我們想要聚集在一起的事物的樞紐。它也能在時間和空間中給我們方向。換句話說，它能給我們一個參照的理解框架，讓我們大概知道靈界中事物所在的位置、我們施術的出發

點，還有我們可以如何跟宇宙原初的能量互動。嘗試運用這些力量之前，必須畫出它們的地圖，而神聖空間經常透過宣告事物所在之處來做到這點。

開啟神聖空間的另一個核心面向，是它會保護我們。有些人會說，他們不覺得自己在施行魔法的時候，需要對神靈做出防禦；但神聖空間不止能保護我們不受外靈侵擾，還能調整能量，有助於魔法的操作。可以把施展魔法想像成下水游泳。或許可以只穿簡單的泳衣或裸泳，或許你想戴呼吸管或泳鏡。某些情況下，你會需要潛水裝備跟氧氣筒。在更罕見的情況下，你需要的是鯊魚保護籠。你也可能需要潛水艇。以上所有裝備都能保護游泳的人免於特定事物的傷害，讓人在水中移動起來更方便，也能保護游泳的人不會被深海的水壓傷害。如果有雷達能幫你定位方向、告訴你你在哪、正往哪裡前進，也會有很大的幫助。

神聖空間創造出的是一個曖昧（liminal）的環境，你在那裡進入其他世界、接觸其他能量。雖然游泳這個比喻聽起來可能很誇張，但想想人類在物理上有多脆弱。人類不止只能在非常特定的溫度、壓力、含氧量等等條件下生存——如果要過得舒適又更加複雜。想想在深冬或盛夏，如果關掉你的暖氣或冷氣會有多不舒服。在那樣的溫度下你還是可以生存，只是會更困難。這只是我們的物理存在；現在想一想，在魔法儀式中，我們會接觸到的非物質能量和場所，還有我們的敏感度。延續游泳的比喻，神聖空間可以讓我們更輕鬆地回到日常現實，避免轉換、「扭曲」的痛苦或供養氧不足，氣喘吁吁。

圓圈

圓圈是巫者最常使用的形狀，因此也是我在《魔法顯化》中的焦點所在。圓圈能創造循環和能量迴路，帶來流動和運轉。這樣的運轉形成了不斷擴張的無盡性質，非常適合用在魔法儀式中將自己設立在時間與空間之外，同時涉足所有時間和空間。而圓圈也可以聚集、集中能量。想一想漩渦或龍捲風，或甚至拉遠拉近的相機鏡頭，就能理解它的這種性質了。我們可以把東西放在圓圈裡，讓能量持續流動；那麼做也可以把能量收聚其中。舉例來說，很多巫師會為了這兩種效果，把人偶放在圓圈裡。這也是占卜用的水晶常是球體的原因，也是為什麼建議使用圓形魔鏡的理由。因為圓圈沒有尖角，其中每個部分都完美平均分配，圓圈成為了最有保護效力的形狀，沒有任何破綻。同樣地，勞拉‧坦佩斯特‧薩克洛夫（Laura Tempest Zakroff）在她的書《編織閾限》（*Weave the Liminal*）裡指出：在圓圈中，能量能形成完美的迴圈流動，因為沒有任何尖角會困住能量[62]。

---

62 Zakroff, *Weave the Liminal*.

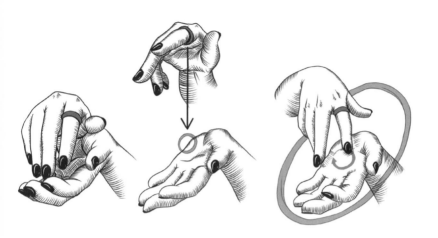

戒指魔法圈設立

魔法吉時：任何時刻

媒材：

- 1只沒有寶石或任何鑲嵌的戒指

目的：這是我最愛的小撇步之一，可以用來快速設立魔法圈或快速張開保護膜。其中最棒的部分是操作起來神不知鬼不覺，可能在不吸引任何注意的情況下安靜快速設下魔法圈。你需要一個適合食指的簡單戒指來進行這個練習，食指對應到木星，所以有權柄、靈性力量、典禮儀式與擴張的含義。我使用的戒指是銜尾蛇的樣子，吞食自身尾巴的蛇本來就是魔法圈的象徵，所以是個完美的選擇。我回家

之後會把它放在聖壇上充電。

作法：戴著戒指的時候，接地、回到中心。雙手稍微交疊，做出捧著東西的姿勢，把戴著戒指的那隻手（慣用手最佳）放在上面。觀想藍色的電流流過戒指，創造出戒指的能量複製品。感覺戒指的能量分身從你的手指上直接掉落在下方的手掌上，並觀想它開始順時針旋轉。

慢慢打開雙手，同時感受圓環擴大。用慣用手在非慣用手的掌心畫出一個順時針圓圈，同時觀想能量圓環在你的周圍擴大，直到成為你想要的大小，並在心中宣告，或口頭說：

在空間之外的空間、時間之外的時間，我設立這個魔法圈。

重複同樣的步驟，讓第二個能量圓環掉進手掌中，然後在非慣用手上畫圓，擴大能量圓環，這一次想著或說：

我設立這個魔法圈，阻絕任何不是我盟友的能量和神靈。

再重複同樣的步驟第三次，並想或說：

我設立這個魔法圈，讓所有在其中聚集的能量毫不外洩。

觀想三個圓環合成一個巨大的圓環，化為巨大的泡泡包圍著你。說以下的話語來封好魔法圈：

如是在上，在下如是！魔法圈完成密封！

雙手彈指，宣告完成。

要釋放魔法圈時，把戴著戒指的慣用手往前伸出，掌心朝上。觀想泡泡變回跑著藍色電流的圓環，回到你手上的戒指。然後感覺你投注在宇宙中的所有能量開始顯化。

盛載一切的療癒圈

魔法吉時：任何時刻

媒材：

- 你要安放的物品（例如人偶）
- 可能的話，一個鐘形罩，用來罩住物品，讓它能待在原處不受干擾

目的：這個技巧可以讓你在自己之外的地方設立魔法圈，讓圈子裡物品的能量能夠循環、流動。在嘗試保持一件物品的能量持續流動，同時又能離開現場，把物品留在能量隔離區的時候，這個方法特別有用。我通常把它用於療癒，有過非常成功的結果。我會用這裡的例子示範怎麼用它配合人偶進行療癒，歡迎發揮想像力，想出在其他各種魔法中的使用方法。

作法：把人偶放在不會被打擾到的地方，例如櫃子裡或櫃子上方。就像平常劃設魔法圈一樣，舉起手，從中放射出能量，在人偶周圍劃出三個能量圓環，同時說：

> 三個圓環包圍著你
> 我將你鎖在這裡隔離
> 一個可以接受祝福的休息之地
> 這裡能量流動，而你可以康復、成長、療癒

接著，從物品的北方開始畫出順時針往內旋轉的螺旋，然後說道：

> 能量流入，能量流出

再來從物品的中心，反方向、逆時針再畫出螺旋，重疊在原先的螺旋上，直到抵達邊緣回到物品的北方，然後宣告：

> 能量流動，充盈其中

然後在物品上畫一個雙扭線（「無限」的符號），並說：

> 能量密封，療癒啟動。

最後，我會在物品上罩上鐘形罩。之後可以定期對物品輸出療癒能量，包括靈氣或其他治療工作。

古老巫眼靈視

魔法吉時：夜晚

媒材：

- 純黑色的碗，用來靈視占卜；材質是岩石更好
- 月與蛾鱗粉靈視魔藥 [63]
- 倒進碗中用的水
- 薰香（非必要）
- 器樂配樂（非必要）
- 你的手帳（非必要）

目的：靈視占卜（Scrying），是指藉由靈能視覺注視一個反射性的表面以獲得靈性訊息的行為；靈能視覺可以是內在或外在的，或者內外都使用。如同稍早提到過的，大多靈視占卜技巧仰賴使用圓形的工具，例如鏡子、碗或水晶球，因為它們的形狀很適合能量運行。大多數人想到靈視占卜時，通常就是想到這些方法；儘管事實的確是這樣，我最愛的方式是水占靈視。

在教其他靈視占卜的方法之前，我之所以喜歡先教這個方式，是因為你做完後可以很輕易快速地「把它關掉」。這也是為什麼大多數用來占卜的魔鏡和水晶球，傳統上沒

---

63 配方列於這個練習之後。

有使用的時候都會用布蓋上。水占靈視的好處就是，只要把水倒掉，就能很快關上你凝視的那個窗口。沒在使用的時候，我習慣把碗口朝下蓋著。雖然可以使用各種不同來源的水，但傳統上會使用自然的水[64]。我認識的人大多數都用泉水，不過我發現任何種類的水都能獲得很好的效果，甚至自來水也是。

在這個靈視占卜中，你會呼喚這片大地上最初的靈視者，請求他們的協助。黑碗則當作他們的巫者之眼，讓你凝視其中。你可以在過程中把燈光調暗，最好能點蠟燭照明，不過也需要避免任何光源直接反映在水面上。想要的話，也可以點燃跟靈能力或占卜有關的薰香，還有播放任何能幫助放鬆、有神祕氛圍的器樂。

作法：接地、回到中心，將注意力放在內在並進入阿爾法狀態。我喜歡在這個時候設立魔法圈，呼喚認識、能守護我的靈界盟友。如果還不認識任何防禦系靈界朋友，可以單純招呼：「我呼喚我至高守護指導靈與我同在，在這場占卜保護我。」誠心呼喚就能把守護靈召來，即使你感受不到祂們的存在。

把空碗放在平臺上並注滿水。呼喚最初的人類靈視者：

---

64 配方列於這個練習之後。

我呼喚最初的靈視者

以及占卜神諭之人

那些名字遺落在時間的人

能夠看透帷幕，一瞥神祕的人

能夠清晰看見隱密的真實，而不失足的人

那些願意助人而不是傷害的人

那些分享自己天賦與魔法的人

請允許我凝視你的巫者之眼

讓那祕密之事能夠向我展現

（在這裡陳述意念，說出你希望知道的事，不需要押韻。）

在水的正中央加入三管滴管的月與蛾鱗粉靈視魔藥，然後把滴管當成湯匙使用，順時針攪拌碗裡的水，同時說：

巫眼啊巫眼

你與我

為我展示

那些未知

讓那帷幕之間與之後的被看見吧！

開始進行 444 呼吸法（square breathing）[65]。用放鬆的目光，就像在觀看氣場的時候一樣，注視旋繞的水。很重要的一點是，不要太刻意嘗試或勉強經驗發生。只要放鬆、投入其中就行了。

---

65 見《魔法顯化》練習9。

在靈視占卜過程中可能發生好幾種情況。你可能會在旋繞的水中看見圖像，就像在雲中看見各種圖案；你也可能發現思緒開始飄移，這樣也完全沒關係，允許它發生，留意思緒飄向什麼圖像或想法即可。最後，你可能會開始在水中看見畫面，通常一開始在水面上會出現灰白的霧氣。讓整個過程自然發展就可以了。然後霧氣會出現顏色，一陣子之後會像影片一樣開始播放，你也會開始看見清晰的影像。

結束之後，說這些話來關閉儀式：

舊時的靈視者，感謝你們的協助，請接受我的祝福。
即使你們的名字被遺忘了，你們的技藝會流傳下去。
讓我們在此道別。願我們之間永遠和平。

關閉魔法圈，再次接地、回到中心，然後把水處理掉，碗口朝下晾乾。在手帳裡記錄自己的經驗。

月與蛾鱗粉靈視魔藥

魔法吉時：滿月

媒材：

- 帶有滴管的15ml（½盎司）玻璃瓶
- 高濃度純酒，像是伏特加（可以高濃度藥用酒精替代）
- ³/₄茶匙白色虹光染料粉末
- 1小塊月光石碎粒
- 2大匙柯巴脂（小粒一點比較好，壓碎最佳）
- 肉桂粉
- 薑粉

目的：雖然一般認為「魔藥」是拿來喝的，但巫術中的魔藥常常泛指任何類型的魔法液體，跟使用方式無關[66]。我在塞勒姆的「魔魅」（Enchanted）工作時，觀光客和進來店裡參觀的人常常問我：羅莉・卡波的魔藥是拿來喝的嗎？答案永遠都是 No。羅莉用「魔藥」這個詞來稱呼她的魔法油[67]。

以下這帖魔藥不是用來內服，甚至不是用來塗抹任何東西的。它的目的是加入裝有水的靈視占卜碗裡，就像前面的儀式。這個魔藥也可以當作護符使用，搖晃內容物的

---

66 Penczak, *The Plant Spirit Familiar*, 168-169.
67 L. Cabot, P. Cabot, C. Penczak, *Laurie Cabot's Book of Spells & Enchantments*, 122-123.

時候就能啟動，獲得它的幫助。唯一需要注意的就是，帶在身上或搖晃的時候，請確定瓶蓋有蓋好。

這道咒法中，我們會呼喚蛾之靈，請祂以月之視幫助我們確認道路。以交感魔法的原理，我們會把染料粉末當作蛾的鱗粉使用。

交感魔法指的是，在儀式中透過聯想，宣告一個物件是另一個物件。卡洛斯‧卡斯塔尼達（Carlos Castaneda）在他知名著作中描寫自己跟雅基族巫士唐望‧馬士司（Don Juan Matus, Yaqui）相處的經歷。雖然一般認為唐望不存在而卡斯塔尼達的作品亦屬虛構，但他們在小說中分享的深刻靈性真理，持續觸動了許多走在不同靈性道路上的人。在《力量傳說》（Tales of Power）這本書中，巫士唐望告訴卡斯塔尼達，蛾是永恆的使者與護法，而牠們翅羽上的粉塵就是智慧[68]，所以牠們一直以來都是巫士的同伴。雖然這個想法純屬虛構，而且我們知道蛾翅膀上的粉末其實是小小的鱗片；但「蛾的鱗粉是永恆的智慧，跨越時間把魔法實踐者都聯繫在一起」這樣充滿詩意的想法，還是給了我很多啟發。所以，我把這個元素象徵性地也納入了魔法中。因為不想傷害真正的飛蛾，而且蒐集那麼大量的蛾鱗會是

---

68 Castaneda, *Tales of Power*, 27-29.

個非常浩大的工程,所以我使用虹光染料粉為象徵,呼喚蛾鱗的意象以及它們跟這道魔法的關聯。

虹光染料粉可以非常容易地在大多手工藝商店或網路上找到。請使用無毒、生物可分解的染料粉,因為用來占卜後會需要把它倒在外面。我選用帶有虹光的染料粉,尤其是有藍色光輝的那一種,是因為它看起來像彩虹月光石,而且藍色跟巫火也是同一個顏色。

作法:首先把月光石碎塊放進空瓶中,接著分三次加入 $\frac{1}{4}$ 茶匙的染料粉(共 $\frac{3}{4}$ 茶匙),象徵三相月神。在瓶中注滿酒精,但不要加得太滿,不然蓋上滴管蓋的時候會溢出來。

蓋上蓋子前,把雙手懸空放在瓶子上方,觀想美麗的蛾之靈通過你的手,把能量注入瓶中。

說:

我呼喚那夜晚的蛾之靈

借給我你的力量,靈視之力

蛾之鱗粉白銀白銀

摻入醇酒的河裡

月光石在咒法中請幫助我

向我顯現隱蔽之物

以餘光之外的觀看

以靈能巫藝的眼睛

就此我為靈藥注魔力

搖晃之時運作開啟
柯巴、薑與肉桂皮
如我意志，完成咒語！

　　關緊瓶蓋，好好搖一搖，知道蛾之靈已經祝福了魔
藥。搖的同時，觀想帶有藍色電光的白色火焰從你的手中
流出，為魔藥注入更多能量。再好好搖一搖，啟動魔藥。
然後靜置一個月亮週期，可能的話每天搖晃，避免陽光直
射。一個月亮週期後（大約一個月）就可以使用了。太早開
始使用不會有同樣的效果，因為這個配方需要時間熟成。
等到可以使用後，在使用前搖一搖瓶子，用滴管在一個盛
了水的黑碗中滴入幾滴，並觀看徵象。

十字與 X

第二個巫者最常使用的圖形是「十字路」——其中一條能量路徑跟另一條交會在一起。這對使用更傳統形式巫術的巫者來說更加普遍，有時候會在魔法圈裡設立，有時候不在魔法圈裡設立。十字路基本上是連結和合一的樞紐，但它也可以擊破、斷開連結，把事物往外送走分離開來。十字路是這裡分享的圖形中，唯一一個不作容器使用，也不用於承載巫者聚集起來的能量。雖然十字路不作為容器使用，它們卻是常見的力量泉源。十字路在其中的道路上創造出了能量的交會點，一個曖昧的區域，在能量上把一個世界跟另一個世界聯繫在一起。

十字路的中心常常被用於召喚，而且十字路的創造似乎會吸引各種存在的注意，因為交會點被創造出來的時候，在存在的好幾個層面和世界都能看得見。

召喚十字路

魔法吉時：任何時刻

媒材：

- Y 型儀仗（Stang，建議使用但並非必要）

目的：召喚十字路是一種創造神聖空間的方式，它的儀式目的是連結、結合、在各界之間旅行，跟把自己分離出來或進行能量隔離相反。通常巫術中的十字路會配合 Y 型儀仗使用，也就是頂部有著兩個分支的法杖——在傳統巫術中象徵世界樹，還有「巫父」（Witch Father）。Y 型儀仗是象徵世界樹的法器，而世界樹就是整個靈界棲居的宇宙中軸。它也是世界之魂的器具；世界之魂有時被稱為「星之女神」，也就是世界中軸的生靈，整個宇宙本身的靈魂。世界中軸跟世界之魂兩者本質上都是連結事物的存在，是把萬物結合、收攏在一起的力量，跟十字路的目的非常相似。所以，你應該可以明白為什麼 Y 型儀仗會是設立十字路的完美工具了。如果沒有這種儀仗，用一般的長杖或只用手也完全沒有問題。以下的十字路召喚，是我以聖火巫術傳統（Sacred Fires Tradition of witchcraft）[69] 的版本為基礎，大量簡化後的版本。

---

69 Hunter, *The Witch's Book of Spirits*, 141-143.

作法：面向北方，雙手握著儀仗，拿在面前，然後深深插進地裡。

宣告：

我站在時間之路的中心。

用左手拿起儀仗，指向左邊，說道：

過去的路延伸自我左方。

說的同時，想像左邊有一條道路。把儀仗拿回中心，用雙手握著，深深插進地裡。然後用右手拿起，指向右邊，說道：

未來的路延伸自我右方。

說的同時，想像右邊有一條道路。把儀仗拿回中心，用雙手握著，同時想像左右兩邊的道路，而自己是正中心，說道：

我立於它們合一之地。

深呼吸，然後宣告：

我立於形式之路的中心。

用右手拿起儀仗，指向前方，觀想前方有一條道路展開，說道：

物質的路延伸自我前方。

把儀仗拿回中心，用雙手握著，跟前面一樣。現在用左手拿著儀仗，指向後方，說道：

> 能量之路延伸自我後方。

把儀仗拿回中心，用雙手握著，說道：

> 我立於它們合一之地。

現在觀想自己就是世界樹。用雙手握著儀仗，朝天空的方向舉起，想像世界樹的樹枝往上層世界延伸，說道：

> **天界的枝枒於我上方**

把儀仗收回中心，用雙手握著，指向大地，同時觀想自己是世界樹，根部深深植入下層世界，並說：

> 地下的根於我下方

把儀仗收回中心，宣告：

> 樹幹在我之中、於我周遭
> 我穩穩立於夾縫之間的此地。

然後就可以開始執行任何魔法工作、咒術或想操作的儀式了。結束後只需要說：「每個時間、每個地點，回歸我來之前的原位。」就能離開了。

淨罪十字

魔法吉時：新月或下弦月

媒材：

- 你想要拆解能量的物品
- 可以讓物品靜置不被干擾的空間
- 1 小張紙跟書寫工具
- 大鍋或耐熱的碗

目的：這個魔法可以把物品可能有的負面能量「回收」，或處理有著很多能量，但你不再需要的東西。它可以清理能量，把能量分解，讓你能把能量放到其他魔法工作中使用。

還有一個很棒的使用方法，那就是用在吸收了很多投擲到你身上的負能量的物品上，例如吸收了詛咒、邪術或廣義的負面能量的東西。可以是防禦邪眼的護符，或其他有避邪性質的物品。這個咒術可以把物品上的能量分解成最基礎的形式，這樣天然的能量接下來就能用來為你其他的咒法或目標注入力量。黑特就是會黑。所以為什麼要讓其他人免費送給你，用來傷害你、阻礙你實現目標的能量浪費掉呢？為什麼不要收下那些能量，回收，並讓你的黑特幫助你達成自己的目標呢？

作法：在一張小紙上，從左上角到右下角，寫下
「DECONSTRUCTION」（解構）。然後從左下角到右上角，寫下
「ABSOLUTION」（除罪）。現在在文句間，你應該會有四個三角
形的空間：上、下、左、右各一個。從三角形朝向紙張中心的
尖角開始，從中心往外畫出兩個箭頭，分別朝向兩個方向，
框住三角形的兩邊。在兩個箭頭之間的空位，畫上「X」。

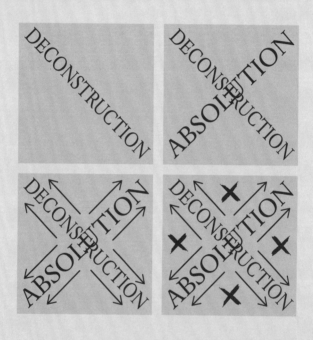

把紙放在要處理的物品下方。跟設立魔法圈的時候一
樣引導能量，然後在物品上用能量畫個「X」，從右上到右
下、左上到左下。然後說：

如同土能分解水能溶化
如同火能焚燒風能蝕化
你的記憶與力量
回歸純粹的能量。
蒐集在此
這方塊裡
巫的禱詞，命中注定：
Tabula rasa! Tabula rasa! Tabula rasa!

拉丁文「Tabula rasa」指的是「空白的板子」、「擦乾淨的板子」或「刮乾淨的板子」。之後就讓物品的能量自己分解。可以每隔一段時間用靈擺檢查，看看物品的能量完全分解了沒。如果還沒完全分解，可以在物品上畫上「X」並再次複誦咒語（如果是避邪的護符，可以再次充能、下指令）。最後順著文句把紙片剪開，剪成四個三角形。下次施咒的時候，把紙加進大鍋或耐熱容器中點燃，同時宣告：

這份能量的盈餘
成功增強咒法的魔力。

三角形與金字塔

　　三角形的效果是顯化與增幅。三角形的能量似乎在形狀之中升起，類似於許多威卡傳統執行的「力量之錐」（cone of power）。兩個點相遇，生出第三個點，是這個形狀的魔法幾何原理，也因此它的關鍵主題是顯化與創造。母親和父親相遇，於是創造了孩子。

　　煉金術中，水銀與硫磺相遇，於是創造了鹽。這三個素材大致對應到了三個靈魂：硫磺對應到高我，水銀對應低我，鹽則是中我 [70][71]。高我與低我兩者的融合創造了中我的性格。由於顯化與創造的能力，三角形可以讓能量增幅，這是金字塔錐體的祕密，同時也是為什麼「顯化三角」（Triangle of manifestation）這個手勢經常被巫者用來提升物品的能量。

　　另一方面而言，三角形也能把能量消除、剷平，甚至還能把能量或存在關在裡面。這也就是為什麼魔典魔法中，三角形被放在魔法圈外，用來呼喚比較危險的存在；使用魔典儀式魔法的人，也把這種三角形稱為「顯化三角」。巫者用同一個詞來指不同的技法，稍後我們會繼續探討。其他三個一組的概念也時常被分配給三角形的每個點，例如時間、空間、能量，或操作星座能量時的變動、固定、本位。關鍵就是三件事物在直接的關係中，與彼此和諧作用。

---

70 Hauck, *The Complete Idiot's Guide to Alchemy*, 100.
71 Penczak, *The Three Rays*, 63.

G.O.D	生產 （generative）	組織 （Organizing）	毀滅 （Destructive）
三個靈魂	低我	中我	高我
煉金術	水銀	鹽	硫磺
占星術	本位	固定	變動
月相	漸盈	滿月	漸缺
世界	下層世界	中間世界	上層世界
大釜	暖意	動能	智慧
顯化	能量	空間	時間
命運	拉刻西斯 （Lachesis）	克洛托 （Clotho）	阿特羅波斯 （Atropos）

練習 42

顯化三角

目的： 這是個經典的巫術／神祕學技法，透過用手組成三角形來引導、喚醒並增幅能量，或施與祝福。三角形的三個點象徵時間、空間與能量。

這個技巧跟手勢是以一個巫術理論命名的，這個理論指出，若要讓顯化發生，時間、空間與能量這三個要素是必須的。簡單來說，如果你使用時間來創造出空間並投注能量，你將能夠顯化事物[72]。雖然我還算相信這個理論，但

---

72 Hauck, *The Complete Idiot's Guide to Alchemy*, 100.

我也覺得它有點太簡化了，感覺顯化還涉及許多其他的要素——或在這三個要素之中還有其他的層面和步驟，就像我在《魔法顯化》中詳細討論的一樣。這個手勢的目的是象徵性地呼喚這三個初始要素。

作法：把手放在面前，手掌朝外，雙手拇指與食指互相接觸，在雙手拇指與食指之間形成一個中空的三角形。把這個三角形手印靠近你的臉，讓眼睛被三角形框住，而你額頭中間的巫眼則對齊三角形上方的尖點。從中空的三角形看出去，看著你想要注入能量的物品，例如一根蠟燭，觀想你的眼睛跟巫眼手指間的空間充滿能量。用你的意志力與意念，把能量推進蠟燭裡，同時物理上也把三角形的手印靠近蠟燭，灌注能量。

唸誦類似下面的話語可以強化這個技巧的力量：

> 一為三，三為一
> 顯化的，三角形

增幅金字塔

魔法吉時：任何時刻

媒材：無

目的：基本上，這個技巧是在你的周遭設下一個三角形，然後建立成金字塔狀的容器，用來增幅內在的能量，以及內在指引的清晰度。雖然觀想是外在的，能量運作的焦點卻位於內在，不同於其他作用於外在的幾何形體設立，例如魔法圈的設立。要進行深度冥想、入神工作、靈能占卜或通靈，還有想要完全沉浸在體驗中的時候，我特別喜歡使用這個技巧。就我自己跟試過這個技巧的人的經驗，使用後通常能有很深的體驗，會收到從靈界來的訊息，同時又能保護你的安全。

　　但因為這個技巧的增幅效果太強了，開始前跟結束後都要接地，這點非常重要。（而且說真的，其實在任何能量或魔法工作、冥想前你都應該好好接地。）我也發現這個練習大大地強化了我接下來一整天對能量的敏感度，長期下來可能對提升敏感度也有效果。

作法：閉上眼睛，脊椎打直坐好，雙腿交叉，進入冥想的狀態。接地、回到中心。觀想周圍的地上有個白光形成的三

角形，面前有一個尖角，身後有兩個。接著想像每個點都往上延伸出一條線，在你頭上的頂點會合。觀想能量線之間形成的空間充滿白光，形成「牆壁」，在你周圍創造出一個金字塔。

想像一個散射七彩光輝的白光光球旋繞在你頭上、金字塔的頂點上。它是你的高我。深深地、慢慢地呼吸，看見高我的光照進金字塔中，像水一樣把閃耀虹光的白色能量注滿金字塔。感覺這股能量在金字塔中慢慢包圍你，充滿你的身體。感覺它強化並調整了你的能量身體，提升靈能感知力。

現在可以開始執行任何想要做的冥想了。可以是引導式冥想、自由入神旅行，或單純的呼吸和正念練習。我發現這個方法非常強大，用來提升冥想、任何靈能占卜或通靈儀式都非常適合。結束後，只要想像所有液體般的光回到高我就可以了，然後周圍的金字塔漸漸消退。完成後記得再次接地、回到中心。

充能三角

魔法吉時：任何時刻

媒材：

- 想要清理或充能的物品
- 3根可以擺放成三角形的透石膏

目的：透石膏永遠是我的最愛！不只因為它是個超讚的礦石朋友，擅長提升靈能力、清理能量，也因為它很樂意幫忙增幅任何遇到的能量，同時把不同的能量調和在一起[73]。

　　幾年前，我還在麻薩諸塞州的塞勒姆當職業靈能占卜師時，我有一位導師建議我在占卜空間擺放透石膏晶陣，不僅能用來持續清理空間，也能幫助我靈能量的增幅和流動。他把這個方法比喻成在房間裡放一臺能量空氣清淨機。從那個時候開始，我對這位水晶朋友的欣賞完全提升到了不同的層次。非常有趣的是，我發現以希臘神話中的月亮女泰坦塞勒涅（Selene）命名的透石膏（Selenite），也具有月亮所有的主要力量——清除、充能，對靈性能力也特別有幫助。我也推薦把三根透石膏放在上一個練習中，增幅金字塔的三個角上，並在自己手中拿著一根冥想。你會發現練習的效果大大提升喔！

---

73 Simmons, Raven, and Ahsian, *The Book of Stones.*

充能三角，是我以這些運用透石膏晶陣的經驗為基礎發展出來的技術，只是更加集中，尺寸也縮小了。我會在想要簡單快速喚醒、充能、清理物品時使用這個方法。它的用途無窮，這邊僅以珠寶當作例子。

作法：拿三根未拋光的透石膏，擺放成三角形。然後用魔杖或手引導能量，畫過三角形上方，從頂點開始畫到右下角，然後往左，最後回到頂點。接著把項鍊或任何想要清理或充能的物品放在三角形中間。我接下來會呼喚透石膏之靈：

就像月亮漸盈充電

就像月亮漸缺清潔

月神石之靈，以你的名

為在你三根長矛中間的寶藏，完成你的天命

　　最後在物品上方做出顯化三角的手印，用手指框住透石膏形成的三角形，完成清理和充能。大功告成！

立下三重空間

魔法吉時：任何時刻

媒材：

- 3個茶盞蠟燭

目的：我發現要幫人偶或符文注入力量，或幫助神靈更清晰顯化的時候，設立這個神聖空間的效果非常強大。它呼喚了三個基本運行模式，還有它們各自創造、存在與毀滅的階段。這個方法的核心是創造出能量迴路，並把三種力量呼喚到同一個空間，讓時間和空間的能量在迴路中持續增幅、提升。因此，它非常適合用來「活化」思念體。你可以試著在魔法圈內設立這個空間，也試試看在魔法圈外設立，看看對你來說能量上有什麼不同。你在三角形裡面對的方向，取決於你施法的意念。如果你的魔法是關於創造，就面向三角形的本位點施法；如果是餵養與注入力量，就面向三角形的固定點施法。如果要拆解你喚醒的事物，就面對三角形的變動點執行儀式（見圖例）。

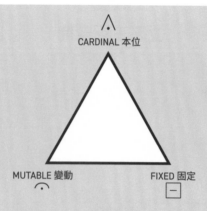

▲ 三重空間

作法：在三角形的每個點上放一個茶盞蠟燭。跟劃立魔法圈
一樣，接下來你要用投射出來的光能射線「畫」出空間 74。
從本位點開始，點亮蠟燭並說道：

以本位的創造之力

從本位點畫一條能量線到固定點，點亮蠟燭並說：

以固定存在之力

從固定點畫一條能量線到變動點，點亮蠟燭並說：

以變動的毀滅之力

從變動點畫一條能量線回到本位點，然後說：

我立下這個三重空間

---

74 參考《魔法顯化》練習62，複習怎麼用能量光束畫線。

重複同樣的步驟，但不用再次點燃已經在燃燒的蠟燭，依照順序在每個點說出以下的話語：

> 能量的循環
> 三位一體
> 一體為三
> 我立下這　三重空間

再重複一次，同時說道：

> 在此力量被蒸餾
> 在此所有矛盾成烏有
> 作為我意志的坩堝
> 我立下這個三重空間

只要順著同樣的方向吹熄蠟燭，同時說以下的話，就能釋放空間了：

> 此處魔法已圓滿
> 三重力量請歸還
> 三重空間已釋放
> 一如火光回黑暗

方形與立方體

　　方形能夠安定、儲存、積累能量。在其他形狀中，能量似乎會以不同的方式流動與增幅；在方形中剛好相反，能量似乎會開始沉澱、慢下來。方形是對應到土元素的柏拉圖幾何圖形，在自然中把能量穩定下來，化為幾乎是固定的型態。有趣的是，方塊在魔法幾何中是創造平衡和穩定的四條線。因為這點，方塊也有能力以資訊的形式累積和儲存能量。以能量容器而言，它就像是某種資訊儲存裝置。如果所有形狀都能作為儲存能量的容器（除了十字路），方塊就是其中最有能量容器特性的形狀了。

練習 46

封鎖騷擾的神靈

魔法吉時：星期六、土星時、黑月或新月

媒材：

- 黑筆
- 1小張方形紙片
- 黑色繩線
- 大的方塊形冰模（一般用於製作威士忌用的冰塊）
- 鋁箔紙

目的：巫者或甚至是通靈人都很可能遇到意圖不善的神靈靠近你；你很可能已經有過類似的經驗，甚至還遭遇過好幾次了。如果有神靈騷擾你或你愛的人（像是小孩或寵物），就可以用這個非常靈驗的咒法。它就是對神靈的封鎖按鈕，能把祂們的騷擾凍結。

在歐洲、美洲、俄羅斯，可能還有許多地方眾多的魔法習俗中，冰凍魔法都有著漫長的歷史。一般來說，冰凍魔法的用途是束縛對你造成很多困擾的人——像是跟蹤狂或騷擾你的鄰居——要不是整個凍結他們，就是在某些區塊「凍結」他們的影響這樣的概念。我發現，冰凍魔法最好的用途不是施加在人身上，而是用來對付那些對你有不健康執迷、把你當成獵物或攻擊你的神靈、存在和思念體。所以我以傳統冰凍咒術為靈感來源，將之作為基礎進行改編，成功讓有惡意的神靈不再打擾。

這個咒術只針對騷擾或想要傷害你的神靈，所以對無辜的存在不會有效果。執行之後，如果祂們還主動想要騷擾或接近你，這個咒術也能削弱祂們的力量。由於方塊之於容器的魔法性質，我更喜歡使用被做成完美方塊形狀的冰塊模。這種模具一般都蠻便宜的，通常是用來做威士忌用的冰塊。

作法：在一張方形的紙上，寫下「想要傷害我的那個神靈」，同時想著那個神靈，或關於祂你所知的任何資訊。把

方塊捲起來綁上黑線，做成小卷軸固定好。把卷軸放進冰塊模裡，倒滿水。雙手懸空放在方形冰塊模上，堅定宣告：

邪魅、暗影或亡靈
無論你是什麼壞東西
你的力量對我不再有影響力
從那逾越我壓制你
從那侵擾我束縛你
你的影響在此凍結
失去自由，或逃離這裡！

然後放進冰櫃中冷凍。凍結之後，取出冰塊，用錫箔紙包起來。我發現錫箔紙最適合，因為它雖然反光但你卻不會在上面看見自己的倒影。

你當我是目標，而如今你的目光已轉移
你顫抖的手
會將你自己的腳打擊
暗影我命令你退去
你的影響已過期！

把包起來的錫箔紙放在冰櫃的深處。我的冷凍咒原則是：感覺自己不再被打擾的三個月之後，再把咒物拿出來處理掉。我之後會把冰塊埋在某個地方，因為那只是水、紙還有繩子，全部都是可生物分解的（記得回收錫箔紙）。我喜

歡把它埋在離家遠的地方，以免神靈還被束縛在裡面，不然也可以一直把咒物封印在冰櫃裡。

心靈魔方植入與取出

魔法吉時：任何時刻

媒材：無

目的：當我需要把心靈資訊儲存在某間物品，或需要從物品中提取資訊的時候，就會設立這個神聖空間。這個方法非常簡單有效。在這個練習裡，除了你要操作的物品，還有能夠安靜冥想不被打擾的空間之外，不需要其他任何工具。我們先來學怎麼把資訊轉印到物品中，之後我會教你怎麼從物品中提取資訊。

作法：接地、回到中心，進入阿爾法腦波狀態。輕輕把想要植入資訊的物件握在雙手中，並觀想自己身處在一個能量方塊之中。開始慢慢把任何你想要植入物件的資訊，灌注到方塊中，可以透過喚起情緒、畫面、聲音、句子或任何你想植入的事物來進行。例如，如果我覺得超級開心，我就會在自己周圍召喚出一個能量方塊，用從我身上溢出的開心填滿，

把它觀想成填滿方塊的有色光。可以是黃色或粉紅色，或其他我連結到開心的光芒。接著開始慢慢地、穩定地呼吸。隨著每一個吐氣，圍繞著你的方塊都變得越來越小、越來越小，直到終於不再圍繞你，只包圍著你手上的物品。方塊縮小的同時，感受能量容器中的資訊移植變得越來越強、越來越紮實。最後當盒子大小變得只能勉強包住物品時，觀想它分解成數千個小小的能量方塊，包圍手中物品的每個分子。

完成後，宣告：「資訊已固定！」

要從物品中提取資訊，不需要經過跟以上植入一樣的步驟。物品很可能本來就會有某種資訊痕跡，就算那樣的痕跡超級古老。我在進行靈覺感應的時候很常使用，也就是從物件那裡接收心靈資訊，一般目的是為了後續的通靈工作。跟前面一樣，先接地、回到中心，進入阿爾法腦波狀態，並輕輕把物品握在手中。想像自己身處在一個方塊裡面，並觀想手中物品的能量。然後觀想一個小方塊包住物品，漸漸充滿物品的能量。開始慢慢地、穩定地呼吸。隨著每個吐氣，看見小方塊越來越大、越來越大，直到充滿包圍你的大方塊，讓整個空間充滿物品的能量。

兩個方塊合而為一之後，在觀照之中靜坐，保持耐心，留意接收到的任何事物。有什麼樣的感覺？哪些畫面在腦海中浮現？有沒有任何名字？臉？聲音？溫度？味覺？氣味？記錄任何感覺到的事物。整個過程就像是解壓縮檔案

夾，讓資訊一一展開。我發現，用語言說出接收到的事物，常常能讓資訊流變得更強大。結束之後，只要想像合一的方塊消散就行了。再次接地並回到中心來結束練習。

第六章

內在與
外在的工具

Inner and Outer Tools

四　元素描述起來既容易也困難，因為它們本質上很抽象，也因為描述元素時，我們使用了隱喻的語言，包括我們賦予這些元素的名稱，像是地、水、火、風。這些象徵性的名稱並不是四元素本身。瞭解到這些名稱都只是對不同能量詩意的稱呼後，理解上會更容易。例如，火元素不是字面上指的燭芯上的火焰。然而它們的名稱都極為古老，用來嘗試描述每個元素也都非常適合。元素是基礎的能量磚塊，我們用詩意的方式把它們分別稱為地、水、火、風，因為元素行為表現的方式、給人的感受，讓我們回憶到這些標籤。但一定要再次清楚意識到，不要把象徵誤認為它們象徵的事物。這四種元素（還有第五元素）組成了所謂的乙太能量。乙太能量是最接近物理物質的幽微能量；它們更像是結構或模組的藍圖，物理上可能存在對應的事物，也可能沒有。元素不只是乙太能量，同時也代表了我們內在和萬物之中的性質。一如對應律（Law of Correspondence）所述：「如是在上，在下如是。如是在內，在外如是。」因此，我們可以在不同的存在層級，看到以不同方式表現出來的元素。

巫者在陰陽曖昧之處施術，那矛盾與合一的空間，不在此處也不在彼方；同時在兩方，卻又不在；那裡的界線模糊，魔法就要踏出腳步。當我們能夠在外在和內在世界之間架起一座橋，於內在以及於外在施展的魔法兩兩都會得到提升與強化，因為橋是雙向的。任何時代的神祕學家都非常強調內在層面的重要，那是我們的內在感官處碰到星靈界的地方。就是在這樣的中間地帶，我們跟神靈會面、合作，純粹以心靈執行魔法。當我們讓內在世

界和外在的空間、工具、盟友和媒材合而為一，我們的魔法就會真的活了過來。可以透過各種技巧前往內在世界，例如引導式冥想、專注觀想、入神引導、清明夢和星靈體投射。

很多巫者和魔法實踐者會使用的一個技巧，是創造內在神殿，一個類似記憶宮殿的神聖空間。記憶宮殿這個技巧也被稱為處所記憶法（Method of Loci），它的發明被歸功於希臘詩人科俄斯的西莫尼德斯（Simonides of Ceos）。傳說他去到宮殿參加宴會，在用餐期間暫離會場，來到戶外。根據不同的版本，他在外面的時候，宮殿的屋頂塌了下來，或發生了一場大火，燒掉了整座宮殿。因為與會者過於眾多，而屍體毀壞得非常嚴重，大多已經無法辨識身分，無法確定哪些人在意外中過世。而西莫尼德斯用了一種方法，想起了哪些人出席宴會且死去：那就是在心中重建自己走過宮殿裡每個房間的記憶。後來他發現，使用這個技巧把對一個場所的記憶跟不同的資訊連結在一起，心靈就能儲存、保留、記得資訊。這個技巧在 BBC 的節目《福爾摩斯》中也有出現，其中福爾摩斯的記憶宮殿是一座大圖書館，他會到那裡找到記憶中難以有意識想起的資訊。

內在神殿概念上跟記憶宮殿的不同之處，在於它不只是個提取資訊的地方，雖然它也有這個功能。內在神殿是你於內在世界創造的魔法基地。每個人都有獨一無二的內在神殿，反映了各自的品味、靈性道路和心靈。跟記憶宮殿不同，內在神殿自己會隨著時間改變。可以把它想成是你的 TARDIS。TARDIS 來自歷久不

衰的影集《神祕博士》（Doctor Who）——「宇宙中相對的象限與時間」（Time And Relative Dimension in Space）的縮寫。TARDIS 是神祕博士的飛船，看起來是個小電話亭的樣子，但內部卻比外部大得非常之多。神祕博士乘著它穿越時間和空間旅行，還有取用重要的資源。當神祕博士換了身體（由不同的新演員飾演），TARDIS 內部也會完全改變，就跟我們的內在神殿一樣，隨著我們的改變與成長也會有所變化。在內在神殿中，我們可以直接前往現實的各種不同層面、造訪不同的神靈、獲得各種可能會需要的魔法資源、工具或資訊。我甚至會說這是你最重要的神聖空間，因為它也是你一直都會擁有的空間。你可能會認為內在神殿只存在於你的腦袋裡，確實如此。然而，正如聰明絕頂的神祕學家隆·麥羅·杜奎特（Lon Milo DuQuette）說的：「一切都發生在你腦子裡……你只是根本不知道自己的腦子有多大。」[75]

---

75 杜奎特，《小法故事多》（*Low Magick*）。

你的第一次內在神殿之旅

踏上旅程，前往世界樹。把手放在樹幹上的時候，呼喚世界之靈。請祂帶你前往你的內在神殿，你位於世界與世界之間的個人聖殿。這個時候，你手掌下的樹皮開始發出金色的光，振動了起來。金色的光從樹皮擴散開來，在你面前描繪出一道門的輪廓，大小剛好只能容納你的身體。然後金色樹皮消失了，在樹幹上打開了一個通道。向通道的金色光芒邁進，讓金光充滿你的內在視野，就跟來到世界樹時的銀霧一樣。

金光開始消退時，你意識到自己現在就在你的內在神殿裡。看起來是什麼樣子？有沒有讓你想到某個特定的時間？裡面積滿灰塵，還是乾淨整潔？寬敞還是狹小？花點時間四處看看，知曉你的內在神殿中還有許多一扇門等候你探索。探索內在神殿的時候，留意其中主要的聖壇。祭壇上還什麼都沒有，只是一個平臺。慢慢來，好好探索、認識一下你的內在神殿，試著記得所有細節。這是你的避風港、你的力量之地，只屬於你。結束探索之後，觀想金光彷彿從所有方向——其實是憑空再次湧現——充滿你的視野。金光消退之後，你發覺自己回到了世界樹面前。感謝世界靈魂，然後再次轉身離開，找到回到這個現實的銀

霧。再次接地、回到中心，結束這個練習。

　　你可以用這個方法通過世界樹，隨時進入內在神殿；
這同時也是認識世界樹之靈的絕佳方式，特別是為了未來
的入神旅行做準備。不過，其實只要閉上眼睛，帶著前往
內在神殿的意志，配合觀想，你就能瞬間抵達那裡。

✦

聖壇

　　巫的首要聖壇是體現他們在魔法中的力量與權柄的工作空
間，是他們編織與施展咒法的工作臺，用來深化與宇宙力量的聯
繫、與內在與外在於自身的神性對話。首要祭壇是大宇宙與小宇
宙間的橋梁。在這個意義上，也就是一個人之中，現實的內在層
面的大宇宙，同時也是外在世界形而上且更大的各個現實層面的
小宇宙。在巫的首要祭壇，巫自己扮演著神的角色，操縱內在於
自身的力量，透過連結與融合外在力量，來號令、控制外在宇宙
的力量。傳統上，聖壇承載著巫的四個法器：火之魔杖、風之亞
蓮、水之聖杯、地之五芒星盤或聖壇石。巫跟這四項法器之間的
羈絆不容小覷，它們不只是工具，更是巫本身特定層面的物理載
體，也是外在於巫者之宇宙元素能量的渠道。在我接受的訓練傳
統中，還加上了兩項法器：大鍋和星盤（Peyton），它們是靈或第五
元素的法器。

聖壇和祭壇這兩個詞有時候可以互相替換使用，但大多巫術傳統中，兩者還是有細微的差異。聖壇通常是一個平臺，用來執行魔法、連結其他靈性能量和存在，例如神祇、祖先和元素之力等等。祭壇跟聖壇很類似，但用途偏向供奉祭祀，只有祈請相關工作會在這個地方進行；祭壇主要是崇敬神靈的地方、給特定神靈或祖先供奉祭品的地方。巫者通常會有各種不同的聖壇和祭壇。例如，我有自己的首要聖壇，也就是我目前正在描述的壇。我還有一個黑卡蒂的聖壇，我跟她有著緊密的合作關係，精確來說，我使用的是一套呼喚她還有她底下的神靈的魔法。我也有一個獨立出來的黑卡蒂祭壇，用來祭拜、供奉祭品。我也有一個療癒聖壇，上面的神祇跟魔法都跟治療有關。我還有祖先的祭壇，家裡還有眾多神靈的不同祭壇。要設多少聖壇跟祭壇，純粹是個人的偏好，不過原則是不應該創造之後忽略不管。如果要為一位神靈架設祭壇，就應該定期祭拜，持續打理、照顧祭壇。

傳統上，聖壇上會有兩樣物件，對應到神聖相對的兩個面向。這兩個面向是單一的宇宙之靈基於兩極法則運作的首要模式。宇宙之靈是個雌雄同體、非二元的力量（就像《星際大戰》裡的「原力」），這份力量組成了一切現實，讓現實運轉。這份單一力量的兩個面向彼此相對而互補，是真正的太極。其中一個面向本質上是投射性、「電性」的，對應到光與創造；另一個面向本質上是接受性、「磁性」的，對應到黑暗與毀滅。歷史上，這兩股力量在神祕學裡分別被稱為大男神與大女神，不過以當今的角度來看，這樣異性戀本位的語言早已過時。

許多西方玄學法門中，雌雄同體的聖神分裂成性別二元的神聖雙子，而這兩股力量在儀式中，也於內在被結合在一起，創造出聖子，後者被認為是回到雌雄同體的狀態，神聖而完整。分裂和重合的這個過程，體現了巴佛滅的主要原則：巴佛滅是整個世界陰陽並存的神聖力量象徵，而這股力量不斷分裂、重合，永劫循環，一如巴佛滅手臂上寫著的「solve et coagula」（融化又凝結）。聖壇上象徵這兩股力量的物件，通常是黑白兩色的蠟燭，代表神聖之中的兩極之力，或者術者崇敬的兩極相對神祇的雕像。

聖壇上物品擺放的位置也有象徵意義。黑色蠟燭傳統上放在聖壇的左邊，所有接受性的法器也放在聖壇左邊；而白色蠟燭傳統上放在聖壇右邊，所有投射性的法器也同樣放在聖壇右邊。四元素法器也依照傳統，擺放在聖壇上對應的方位。五芒星盤或聖壇石放在北方，亞蓮放在東方，魔杖南方，聖杯西方，大鍋放在聖壇正中央。

首要聖壇的力量基礎是你放在上面的能量、連結，還有象徵意義。話雖然這麼說，建立聖壇的方式其實沒有嚴格固定的規則；很多巫者也使用各種類型的聖壇。這裡描述的只是我自己使用起來非常成功的樣式而已；聖壇應該要反映出你自己，還有你跟魔法的連結。

對於四元素及其對應的法器，還有四元素的所在地點，許多不同的流派都有各自的想法。關於元素對應的方位也是這樣，眾說紛紜。有些巫者會根據自己所在地的地景排列元素。例如，如果住的地方東邊有海、南邊有山，他們可能會把水對應到東方、

地對應到南方。我通常沿用從小到大一直使用而且習慣的對應：地在北方、風在東方、火在南方、水在西方，因為我汲取的這些元素是「智者的元素」，組成了宇宙的原初力量，而不是它們在物理世界中的象徵。有些流派也會根據操作魔法所在的現實層級，切換元素對應的方位。在巫術神殿傳統中，克里斯多福・潘薩克就依照我們操作魔法的所在世界，教我們各個世界中元素對應的方位[76]。

	地	風	火	水
上層世界	東方 （金牛座）	北方 （水瓶座）	南方 （獅子座）	西方 （天蠍座）
中間世界	北方 （冬天與 午夜）	東方 （春天與 日出）	南方 （夏天與 正午）	西方 （秋天與 日落）
下層世界	北方 （乾冷）	南方 （乾熱）	東方 （溼熱）	西方 （溼冷）

這背後的邏輯是，因為下層世界元素處在平衡的狀態，所以每個方位的元素跟相對方位的元素彼此之間性質相對且相輔相成，建立出煉金術創造性的協同作用，而相對元素的乾溼則相同。地，在煉金術中性質乾冷（密度最大的元素），相對元素是風，而風的性質乾熱（密度最小的元素）。火，性質溼熱，相對元

---

76 Penczak, *Foundations of the Temple*.

素是水，性質溼冷。中間世界的對應就是傳統的元素方位對應，跟我們在太陽影響下經歷的生命循環一致。太陽從東方升起、西方落下；所以元素方位分配保留了傳統季節的對應，日出的東方於是對應到春天和風，日落的西方對應到秋天和水，地則是冬天和午夜荒蕪的過渡點。上層世界元素安排背後的邏輯，跟黃道星座四象中的固定星座有關，所以地在東方，對應金牛座；風在北方，對應水瓶座；火在南方，對應獅子座；水在西方，對應天蠍座。有了這套元素方位對應系統，我們也能知道下層世界對應到月下（sub-lunar）的能量，中間世界對應到太陽能量，而上層世界對應到天上的能量。

我建議根據你的魔法目標實驗這些元素對應。你要做的魔法對應到的是高我或上層世界嗎？那就試試看上層世界的元素方位對應。你要做的魔法跟內在的自我、陰影工作、低我或下層世界有關嗎？那可以試試看下層世界的元素方位對應。剩下的都可以使用中間世界的方位對應。

說實話，只要你明白為什麼某個元素被放在某個方位，要把它們放在哪裡都可以。力量源自於你跟各個方位的連結還有聯想；在我自己的魔法宇宙觀之中，我沿襲了克里斯多福的安排方式，因為我的魔法參照框架是三個靈魂和三個世界，他的系統可以為我的魔法加上非常多不同層次的象徵意義。

元素法器

　　魔法師的四項首要法器，來自黃金黎明協會（Hermetic Order of the Golden Dawn）的儀式魔法。每項法器除了能對應到一個元素，也可以跟愛爾蘭原始神話的圖哈德達南的四聖物（Four Hallows of the Tuatha Dé Danann）連結在一起。一般認為四聖物與四元素的連結源於靈視詩人費歐娜・麥克雷歐德（Fiona MacLeod，威廉・夏普〔Wiliam Sharp〕的筆名），他的作品影響了黃金黎明以及現代威卡[77]。圖哈德達南有著四項聖物，傳說這些上古神族從四個神話中的城市把它們帶來我們的世界，而有一個神祇握有其中三項。這四項聖物分別是姆里雅斯城達格達的大釜、芬尼雅斯努亞達的光之劍、格里雅斯城的魯格之矛，還有法里雅斯城的法爾之石[78]。

　　法爾之石，也被稱為命運之石，不屬於任何一位神祇，而是屬於愛爾蘭這片土地跟她的人民。根據傳說，當一位實至名歸的王把腳放在法爾之石上，這塊石頭會發出怒吼般的聲音，再次賦予王年輕並賜予祝福，讓他的統治能和平長久。法爾之石是地元素的象徵神器，影響了魔法師和巫者的聖壇五芒星或聖壇石。傳說只要努亞達的光之劍一出鞘，沒有人能閃避。努亞達的光之劍是風元素的象徵神器，影響了魔法師和巫者的亞蓮。

---

77 Penczak, *The Temple of High Witchcraft*, 202.

78 譯者註：Cauldron of Dagda from Murias, Sword of Light of Núada from Finias, Spear of Lugh from Gorias, Stone of Fal from Falias.

在巫術和儀式魔法中，跟神靈接觸時，亞蓮跟劍都是比較有攻擊性的法器，被用來驅逐不友善的神靈，在某些傳統中甚至單憑它們的存在，就能威脅恐嚇帶有野性的神靈。雖然不是所有巫者都能接受這種跟神靈打交道的方式，但如果我們想起這是風元素的法器，因此也對應到思維與話語，就能明白其中有許多象徵意義。我們的話語具有力量，一如我們的思緒，它們不只能讓我們想出計畫，還能讓我們表達並執行出來。如果你有看過鬥劍，就會知道用劍的時候也需要非常敏捷的思考，嘗試攻擊對手的同時也需要做出防禦，幾乎像是某種戰舞。

傳說但凡魯格之矛出現的戰鬥沒有一場能夠持續，它的持有者也銳不可擋。克里斯多福・潘薩克特別註記：「（魯格）這個名字的翻譯備受爭議，但他一直都跟太陽、光明還有閃電的意象連結在一起，以及『流淌的氣血』。這點非常完美，一如火元素跟他的長矛都代表著生命驅力的力量。」[79] 我們也應該留意到，長矛這種武器的使用方式是戳擊、往前突進，這樣穿刺的動作跟劍相比更加直接，相較之下，劍在戰鬥中的操作就更加複雜。魯格之矛影響了魔法師和巫者的儀仗；以魔杖為法器可以是引導意志力和能量。

達格達（或稱「大善神」）的大釜裡食物永遠不會耗盡，任何享用的人都能得到滿足。這是慷慨的神器，似乎象徵心的大方與情感上的滿足，這些都是水元素的性質；大釜也盛裝液體，不管是湯、燉肉、其他燉煮物或魔藥。達格達的大釜是水元素的象徵，影

---

79 Penczak, *The Temple of High Witchcraft*, 294.

響了魔法師跟巫者的聖杯。作家摩根・戴樂（Morgan Daimler）是愛爾蘭原始信仰和民俗學者，他把四聖物跟四種價值聯繫在一起：石頭是主權、大釜是待客之道、魔杖是防禦、刀是攻擊[80]。

✦

亞蓮與魔杖：是風還是火？

亞蓮與魔杖，分別是屬風還是屬火呢？很多巫者在這一點上意見分歧。對一部分的巫來說，魔杖屬風而亞蓮屬火。支持這個想法的有名巫術老師包括雷文・格里瑪希（Raven Grimassi）還有他早期的學生史考特・康寧罕。對他們來說，其中的邏輯是：魔杖來自樹木，而樹木在風中搖曳，並往天空生長；亞蓮在火中塑造而成，而元素不應該能摧毀法器。這樣的想法完全沒有問題，再次重複，其實只要你對元素和工具對應背後的邏輯有所理解，那就可以接受使用。當我們對一個符號指派特定力量，並透過該符號汲取力量，久而久之，這樣的連結會在人的意識中非常緊密地交纏在一起。如果有實際在儀式中使用的工具，這樣的情況會發生得更快。對我來說，關於法器更重要的是它們跟元素本身的互動，以及操作的方式。魔杖是木頭製成的，所以能夠承載、導引火，或成為火的燃料，就像魔杖也是意志的延伸，同時也用來引導意志。亞蓮跟劍一樣，能切開、分開風，這麼做的同時還會發出聲音，這樣的聲響甚

---

80 Daimler, *Pagan Portals—Fairy Witchcraft*.

至常常被形容成刀劍在「歌唱」。英文中也充滿了許多把話語、思緒跟刀刃連結在一起的詞彙和表達。在說一個人的聰明程度時，我們常會說這個人的思想很「鋒利」（sharp）或「愚鈍」（dull）。如果一個人滔滔不絕，我們會請他「說重點」（get to the point）或「切入正題」（cut to the chase）。還有其他無數的例子，不過用這些來闡述要點應該就夠了。

✦

火之魔杖

魔杖是火元素的法器，可能也是跟魔法關聯性最緊密的工具，從各種傳說中巫師、魔法師的魔杖、法杖到哈利波特，這些都提升了這項法器在大眾眼中的名氣。在傳統的巫術傳說中，魔杖的長度應該要符合你手肘到食指的長度。雖然這不是嚴格不變的規定，它卻帶來了洞見，讓我們更了解魔杖的本質與使用。巫者不只用食指投射能量，同時也用它來聚集、控制能量。魔杖是巫的意志、力量、趨利、激情與生命力的延伸，讓人想到君王的權杖或錘矛，象徵掌握自我、某個人的人生及魔法力量，也象徵強大與權威。

魔杖一般由木頭製成，跟世界樹還有三個世界互相呼應，就像赫密士的信使杖，讓他有權力自由在所有世界旅行。因此，魔杖象徵著掌握了不同層級的現實，這也是我個人更喜歡用魔杖來劃立魔法圈的理由，因為魔法圈的劃立其實是在物理世界之外創造出一個能量空間。使用魔杖可以強化你內在與生俱來的能量，同時提升

你的意志。最早在魔法中使用魔杖的描述，出自於希臘神話刻耳喀（Circe）的故事，她用魔杖來引導自己的能量。亞倫和摩西的杖也是很棒的呼應，是他們權威的象徵。

練習49

火之旅

　　世界樹在所有世界之間的中心。從這個中心出發，面向南方，在你面前的是一道巨大的金色大門，覆滿了帶著尖刺和醒目花朵的攀藤仙人掌。這道門上刻著火元素的煉金術符號：尖頭向上的正三角形。想像自己看著這個符號的時候，把目光放鬆，彷彿要看穿符號。深深呼吸，完全吐氣，清空自己所有的思緒跟情緒。整個世界只剩下你自己、門，以及你注視著的符號。

　　隨著每個呼吸、每個心跳，想像自己往前邁進……你離大門越來越近，突然——像魔法一樣——大門打開了，你看見了夏天太陽熊熊的光芒。一道溫暖的風從門裡吹來。深呼吸……來到門前時，在心裡重複你的意念，想著要前往火元素的領域。帶著一個充滿力量的呼吸，跨越門檻，走進光裡……。

　　你站在沙漠中的神廟庭院裡，那裡布滿柔軟的沙，點綴著許多小小的火焰。這裡是永恆之夏……永恆的午時。

在你面前有一道石牆，高處鑲著巨大圓形彩繪玻璃窗，正午的陽光照射進來，非常美麗。炙熱的陽光穿透玻璃窗打了下來，照亮庭院中心的聖壇。

深深呼吸，走向聖壇，將自己的意識投注到這個地方可能出現的任何細節。

使用任何或全部的感官，讓這個地方變得更加真實。你看見了什麼？聽見了什麼？感覺、聞到了什麼？注意一下你的情緒，你對這個地方有什麼感覺？確認一下你的身體，有沒有任何疼痛不適？你的姿勢如何？

來到祭壇和彩繪花窗前方，在心裡確認自己的意念，想著要呼喚火元素守護者。步入陽光之中，想像對元素之力更深地敞開自己。祭壇上有一根紅色蠟燭。喚出你自己的內在之光，用它來點亮蠟燭，並召喚守護者。

蠟燭燃燒的同時，太陽的光也變得越來越強。隨著你的每個呼吸，從天上灑下、注入彩繪花窗的陽光就變得越來越強，傾注在你和聖壇的周圍，形成亮金、深紅色的圓圈。你在地上感到沉悶的震動，好像四周的牆都在顫動著。

就在你面前，在光圈的外面，守護者出現了，並踏進了現在完全被陽光點亮的圓圈裡。留意他們用什麼方式來到你面前。他們使用了哪種形象（如果有的話）？他們給你什麼樣的感覺？先自我介紹，然後詢問他們的名字。留點

時間給自己接收名字。你可能會需要問不只一次。慢慢來。

接收到名字之後，守護者開始發出猩紅色的亮光。他們往前走了一步，交給你一把魔杖。你的雙手觸碰到魔杖的瞬間，猩紅色的光、火元素的精華就把你包裹了起來⋯⋯這也是你意志的光。感覺這股明亮進入你的身體，攪動你的靈魂，集中你的意志。

隨著你的意志變得越來越大、越來越大，像紅光一樣包裹著你，把注意力聚焦在這樣的感覺上。感覺到自己的決心，並讓所有思緒、感覺還有執著都流進光裡，只留下強大、完全置身當下的你。

守護者往後退了幾步，而你把魔杖靠近自己握著。你思索著元素之火的教誨時，日光似乎直接注入魔杖中：火有著乾熱的性質，主動且具有投射性，它是意志。感覺魔杖如何體現這些特質。花點時間好好感受一下。

現在，詢問法器祕密的名字。它可能會用某種方式回應你，或者守護者會告訴你答案。這裡也一樣，慢慢來。你可能會需要詢問不只一次。

收到名字之後，未來任何時候都可以用這個名字呼喚這項法器的靈能精髓，前來你的魔法中幫助你；它現在也會出現在你的內在聖壇上。

再跟守護者對話片刻。問他們有沒有要給你任何訊息或教導。結束之後，在心輪中發出感謝，並想像感謝傳送

到守護者身上，感謝他們的訊息跟禮物。讚美他們，並跟他們道別。他們的光就這樣消退，而他們也退後離開了。

轉身走出光之圈，回到你進來的地方，經過庭院，回到金色的大門，回到中心，面對世界樹。停留片刻，讓所有體驗回到自己身上。做三個充滿力量的呼吸，收工。

✦

風之亞蓮

亞蓮是儀式匕首，傳統上是黑柄雙刃的風元素法器。它是我們的想法與話語、靈感與頓悟等力量的象徵。亞蓮是所有聖壇法器中物理上最危險的一樣，因此大多你能找到的都會是鈍的。這是因為在某些傳統中，亞蓮從不被用來剪切任何物理的事物；但在部分傳統中，它確實會被用來在魔法中剪切物理事物。通常會有另外一把用來切割東西的刀，可以是手持鐮刀（稱為「玻琳」），或單純只是另一把銳利的刀。這些刀傳統上手柄是白色的，而亞蓮的手柄是黑色。無論刀刃的銳利程度，使用亞蓮永遠都要小心謹慎，不要傷害到自己或他人。亞蓮可以割開幻象還有現實的各個層面，尤其是思維跟話語相關的領域。在更大的團體情境下，亞蓮有時候可以跟劍互換使用；兩者的用途幾乎一樣。

風之旅

　　世界樹在所有世界之間的中心。從這個中心出發，面向東方，在你面前的是一道巨大的銀色大門，覆滿了帶有精緻花朵的細長藤蔓。這道門上刻著風的煉金術符號：尖角向上的三角形，中間被一條水平線平均分割。用放鬆的目光凝視著符號，彷彿要看穿它。深深地呼吸，完全吐氣，清空你所有的思緒和情緒。全世界只剩下你自己、這道門，還有注視著的符號。

　　隨著每個呼吸、每個心跳，想像自己往前邁進……你離大門越來越近，突然——像魔法一樣——大門打開了，你看見了新的一天的金色晨光。一道清爽的風從門裡吹來，在你接近時為你注入活力。深呼吸……來到門前時，在心裡重複意念，想著要前往風元素的領域。帶著充滿力量的呼吸，跨越門檻，走進光裡……。

　　你站在一殿的庭院中，地上長滿了柔軟的青草，開滿各種顏色的野花。這裡是永恆的春季……永恆的黎明。你面前有一道石牆，高處鑲嵌了一扇圓形的彩繪玻璃窗，被照射進來的早晨陽光點亮，非常美麗。溫和的晨光傾瀉而下，點亮庭院中間的聖壇。

　　深深呼吸，走向聖壇，將自己的意識投注到這個地方可能出現的任何細節。使用任何或全部的感官，讓這個

地方變得更加真實。你看見了什麼？聽見了什麼？感覺、聞到了什麼？注意一下你的情緒，你對這個地方有什麼感覺？確認一下你的身體，有沒有任何疼痛不適？你的姿勢如何？

來到祭壇和彩繪花窗前方，在心裡確認自己的意念，想著要呼喚風元素守護者。步入陽光之中，想像對元素之力更深地敞開自己。祭壇上有一根黃色蠟燭。喚出你自己的內在之光，用它來點亮蠟燭，並召喚守護者。

蠟燭燃燒的同時，太陽光也變得越來越強。隨著你的每個呼吸，從天上灑下、注入彩繪花窗的陽光就變得越來越強，傾注在你和聖壇的周圍，形成亮金、嫩綠色的圓圈。你在地上感到沉悶的震動，好像四周的牆都在顫動著。

就在你面前，在光圈的外面，守護者出現了，並踏進了現在完全被陽光點亮的圓圈裡。留意他們用什麼方式來到你面前。他們使用了哪種形象（如果有的話）？他們給你什麼樣的感覺？先自我介紹，然後詢問他們的名字。留點時間給自己接收名字。你可能會需要問不只一次。慢慢來。

接收到名字之後，守護者開始發出明亮的金色光芒。他們往前走了一步，交給你一把亞蓮。你的雙手觸碰到亞蓮的瞬間，金色的光、風元素的精華就把你包裹了起來……這也是知識的光。感覺這股明亮進入你的肺葉，讓你的思緒清晰、注意力集中。隨著你的知識變得越來越大、

越來越大，像金光一樣包裹著你，把注意力聚焦在這樣的感覺上。感覺到自己思維的銳利，並讓所有思緒、感覺還有執著都流進光裡，只留下清晰、完全置身當下的你。

守護者往後退了幾步，而你把亞蓮靠近自己握著。你思索著元素之風的教誨時，日光似乎直接注入刀刃中：風有著溫熱的性質，清新而純粹，它是知識。感覺刀如何體現這些特質。花點時間好好感受一下。

現在，詢問法器祕密的名字。它可能會用某種方式回應你，或者守護者會告訴你答案。這裡也一樣，慢慢來。你可能會需要詢問不只一次。

收到名字之後，未來任何時候都可以用這個名字呼喚這項法器的靈能精髓，前來你的魔法中幫助你；它現在也會出現在你的內在聖壇上。

再跟守護者對話片刻。問他們有沒有要給你任何訊息或教導。結束之後，在心輪中發出感謝，並想像感謝傳送到守護者身上，感謝他們的訊息跟禮物。讚美他們，並跟他們道別。他們的光就這樣消退，而他們也退後離開了。

轉身走出光之圈，回到你進來的地方，經過庭院，回到銀色的大門，回到中心，面對世界樹。停留片刻，讓所有體驗回到自己身上。做三個充滿力量的呼吸，收工。

地之石

　　很多巫術傳統使用聖壇五芒星（又稱為星盤，peyton）為地元素的法器。有趣的是，我個人學習的巫術傳統中，沒有一個接受這一脈的思想，雖然這是很常見的想法，而且絕對也沒錯。我在自己的魔法中使用的是「聖壇石」，聖壇石一般是某種石頭或水晶，用來把土元素固著在聖壇上。在其他傳統中，例如黑玫瑰巫術是使用方塊作為元素法器。塔羅中的錢幣（材質通常是木頭或金屬）牌組代表的也是土元素。石頭象徵的，是巫跟環境處在正確的關係中時所享用的豐饒。命運之石（Lia Fáil），是愛爾蘭傳說中的加冕之石，只有在實至名歸的統治者把腳放在上面的時候，才會有所回應。在亞瑟王石中劍的神話中，只有真正的王能把王者之劍（Excalibur）從石頭中拔起。在凱爾特和亞瑟王傳奇裡，國王會跟土地婚配，而土地通常會被擬人化成女神。如同凱爾特與亞瑟王學者凱特琳・馬修（Caitlin Matthews）指出的：「這個想法還沒完全消失。就在英國加冕儀式中，展示皇家全套禮裝時，其中有一項是英格蘭婚戒，而君王在儀式中便如此與英格蘭這片土地婚配。」[81] 如果君王跟土地處在對的關係裡，人民跟土地也會受到祝福，獲得豐饒、快樂與安全。早在人類出現之前，石頭就已經存

---

81 C. Matthews, J. Matthews, V. Chandler, *Arthurian Magic*, 125.

在很長的一段時間了，人類消失以後它們也還會更加長就地存在下去。因此，它們也象徵著恆常、血脈與傳承的祝福。

地之旅

世界樹在所有世界之間的中心。從這個中心出發，面向北方，在你面前的是一道巨大的石砌大門，覆滿了青綠常春藤粗壯的藤蔓。這道門上刻著風的煉金術符號：尖角向下的倒三角形，中間被一條水平線平均分割。用放鬆的目光凝視著符號，彷彿把它看穿。深深地呼吸，完全吐氣，清空你所有的思緒和情緒。全世界只剩下你自己、這道門，還有注視著的符號。

隨著每個呼吸、每個心跳，想像自己往前邁進……你離大門越來越近，突然 —— 像魔法一樣 —— 大門打開了，除了絕對的黑暗，你什麼也看不見。一道寒冷、苦澀的風從門裡吹來，在你接近時讓你渾身發抖。深呼吸……來到門前時，在心裡重複意念，想著要前往土元素的領域。帶著充滿力量的呼吸，跨越門檻，走進黑暗裡……。

你站在巨大的石砌房間裡……土元素的古老神殿。這裡是永恆的冬天……永恆的午夜。在寒冷的黑暗之中，你的眼睛花了一陣子才適應，現在，你可以勉強看見頭上高

高的地方有個微弱的光線閃耀著：那是北極星。你看著天上閃閃發光的北極星，逐漸意識到你是透過一扇圓形的彩繪玻璃花窗看見這顆星星的。溫柔的星光傾瀉而下，點亮房間中央的聖壇。

深深呼吸，走向聖壇，允許自己意識到這個地方出現的其他任何細節。使用任何或全部的感官，讓這個地方變得更加真實。你看見了什麼？聽見了什麼？感覺、聞到了什麼？注意一下你的情緒，你對這個地方有什麼感覺？確認一下你的身體，有沒有任何疼痛不適？你的姿勢如何？

來到祭壇和彩繪花窗前方，在心裡確認自己的意念，想著要呼喚地元素守護者。步入星光之中，想像對元素之力更深地敞開自己。祭壇上有一根綠色蠟燭。喚出你自己的內在之光，用它來點亮蠟燭，並召喚守護者。

蠟燭燃燒的同時，星光也變得越來越亮。隨著你的每個呼吸，從天上灑下、照進彩繪花窗的星光也變得越來越亮，傾注在你和聖壇的周圍，形成許多不同綠色和棕色的圓圈。你在地上感到沉悶的震動，好像四周的牆都在期待地顫動著。

就在你面前，在光圈的外面，守護者出現了，並踏進了現在完全被星光點亮的圓圈裡。留意他們用什麼方式來到你面前。他們使用了哪種形象（如果有的話）？他們給你

什麼樣的感覺？先自我介紹，然後詢問他們的名字。留點時間給自己接收名字。你可能會需要問不只一次。慢慢來。

接收到名字之後，守護者開始發出深邃的綠色光芒。他們往前走了一步，交給你一塊天然的石頭或水晶。你的雙手觸碰到石頭的瞬間，綠色的光、風元素的精華就把你包裹了起來……你感受到每個呼吸之間的寂靜。感覺這股寂靜變得越來越大、越來越大，像綠光一樣完全包裹住你，把注意力聚焦在這樣的感覺上。感覺你骨頭裡的寧靜，並更深地潛入原子和分子之中，進入他們之間巨大的空無，還有一切之下的寂靜。讓所有思緒、感覺還有執著都流進綠光裡，只留下空寂、靜默的你。

守護者往後退了幾步，而你把石頭靠近自己握著。你思索著元素之地的教誨時，星光似乎直接注入石頭中：地有著乾冷的性質，寂靜而安定，它是死亡；它也是生命。感覺到你腳下大地活生生的生命——即便在冬天的死寂之中！——生命力緩慢而幾乎無法察覺，深藏在土地裡，在根裡，耐心等待著升起的時機。然後感受石頭如何體現這些特質。花點時間好好感受一下。

現在，詢問法器祕密的名字。它可能會用某種方式回應你，或者守護者會告訴你答案。這裡也一樣，慢慢來。你可能會需要詢問不只一次。

收到名字之後，未來任何時候都可用這個名字呼喚這項法器的靈能精髓，前來你的魔法中幫助你；它現在也會出現在你的內在聖壇上。

再跟守護者對話片刻。問他們有沒有要給你任何訊息或教導。結束之後，在心輪中發出感謝，並想像感謝傳送到守護者身上，感謝他們的訊息跟禮物。讚美他們，並跟他們道別。他們的光就這樣消退，而他們也會歸於黑暗。

轉身走出光之圈，回到你進來的地方，經過鋪石地板，穿過石與黑暗的大門，回到中心，面對世界樹。停留片刻，讓所有.體驗回到自己身上。做三個充滿力量的呼吸，收工。

✦

水之聖杯

聖杯是水元素的法器，象徵我們的情感、直覺、夢、流動性、接受性和適應能力。水也是任何形式的愛之元素，從神聖之愛到浪漫之愛、到家人、朋友、陌生人之間的愛都是。如同情感，水可以極為治癒，也能極具破壞力。它的能量特徵關鍵是流動，以及能夠化為盛裝容器型態的能力。聖杯是承載水元素的法器，讓這股能量處在寧靜、有重心、接受、穩定的狀態。聖杯最

早的形式很可能是達格達的宴客大釜，永遠不會乾涸；或者克麗敦（Cerridwen）的大釜，其中熬製著能夠激發神聖靈感的「格列爾」（greal）的魔藥。後來禮杯似乎取代了大釜，在亞瑟王傳說中以聖杯（The Holy Grail）的型態出現，融合了基督教和凱爾特原始信仰。這裡的聖杯據信是耶穌在最後的晚餐時使用的餐杯，後來他被釘上十字架時，也被用來承接聖血，因此象徵了犧牲與神聖的愛。追尋聖杯的傳說時常是羅曼史。跟達格達的大釜一樣，聖杯是代表結合以及與他人分享的工具，無論是跟巫團同伴或神靈。透過聖杯，我們把神祇與神靈盟友的祝福喝下，領受祂們的能量，讓這份能量跟自己的能量身體跟肉身化為一體。

練習52

水之旅

　　世界樹在所有世界之間的中心。從這個中心出發，面向西方，在你面前的是一道巨大的銀色大門，覆滿了藻類和海草。這道門上刻著水的煉金術符號：尖角向下的倒三角形。用放鬆的目光凝視著符號，彷彿要把它看穿。深深地呼吸，完全吐氣，清空你所有的思緒和情緒。全世界只剩下你自己、這道門，還有注視著的符號。

　　隨著每個呼吸、每個心跳，想像自己往前邁進……你離大門越來越近，突然 —— 像魔法一樣 —— 大門打開了，

你看見落日時分的柔和陽光。一道微涼的風從門裡吹來，送來了海水的鹹味。

深呼吸……來到門前時，在心裡重複意念，想著要前往水元素的領域。帶著充滿力量的呼吸，跨越門檻，走進光裡……。

你站在海灘上一個開放的神殿中。一道巨大的岩石拱廊矗立在西方，通往海洋，上方鑲嵌著一扇圓形的彩繪花窗。這裡是永恆的秋天……太陽永遠在往海平面下沉。傍晚的陽光從花窗灑入，照亮了沙灘上的聖壇。

深深呼吸，走向聖壇，允許自己意識到這個地方出現的其他任何細節。使用任何或全部的感官，讓這個地方變得更加真實。你看見了什麼？聽見了什麼？感覺、聞到了什麼？注意一下你的情緒，你對這個地方有什麼感覺？確認一下你的身體，有沒有任何疼痛不適？你的姿勢如何？

來到祭壇和彩繪花窗前方，在心裡確認自己的意念，想著要呼喚水元素守護者。步入陽光之中，想像對元素之力更深地敞開自己。祭壇上有一根藍色蠟燭。喚出你自己的內在之光，用它來點亮蠟燭，並召喚守護者。

蠟燭燃燒的同時，落日的餘暉也變得越來越強。隨著你的每個呼吸，從天上灑下、照進彩繪花窗的日光就變得越來越亮，傾注在你和聖壇的周圍，形成各種粉藍色和灰色組成的圓圈。你在地上感到沉悶的震動。

就在你面前，在光圈的外面，守護者出現了，並踏進了現在完全被日光點亮的圓圈裡。留意他們用什麼方式來到你面前。他們使用了哪種形象（如果有的話）？他們給你什麼樣的感覺？先自我介紹，然後詢問他們的名字。留點時間給自己接收名字。你可能會需要問不只一次。慢慢來。

　　接收到名字之後，守護者開始發出藍寶石般的光芒。他們往前走了一步，交給你一個聖杯。你的雙手觸碰到聖杯的瞬間，藍色的光、水元素的精華就把你包裹了起來⋯⋯勇敢的光。感覺這道亮光進入你的身體，攪動你的情緒，打開你的心。

　　隨著你的感覺變得越來越大、越來越大，像藍寶石般的光完全包裹著你，把注意力聚焦在這樣的感覺上。感覺到自己的情感，並讓所有思緒、感覺還有執著都流進光裡，只留下有一顆敞開的心——勇敢、大膽的你。

　　守護者往後退了幾步，而你把聖杯靠近自己握著。你思索著元素之水的教誨時，日光似乎直接注入聖杯中：水有著溼冷的性質，被動而有接收性，它是深邃⋯⋯無意識⋯⋯情感⋯⋯夢境。感受聖杯如何體現這些特質。花點時間好好感受一下。

　　現在，詢問法器祕密的名字。它可能會用某種方式回應你，或者守護者會告訴你答案。這裡也一樣，慢慢來。你可能會需要詢問不只一次。

收到名字之後，未來任何時候都可以用這個名字呼喚這項法器的靈能精髓，前來你的魔法中幫助你；它現在也會出現在你的內在聖壇上。

再跟守護者對話片刻。問他們有沒有要給你任何訊息或教導。結束之後，在心輪中發出感謝，並想像感謝傳送到守護者身上，感謝他們的訊息跟禮物。讚美他們，並跟他們道別。他們的光就這樣消退，而他們也後退離開了。

轉身走出光之圈，回到你進來的地方，經過海灘，穿過銀色大門，回到中心，面對世界樹。停留片刻，讓所有體驗回到自己身上。做三個充滿力量的呼吸，收工。

✦

第五元素

第五個元素甚至更難以描述跟討論，因為它既是許多事物，也是單一純粹的事物。我真的很愛伊沃·多明格茲對第五元素的看法：他認為第五元素應該是複數的（the fifth elements），並以非常機智的方式定義、區分它們。我完全能夠理解他的定義，他的看法也完美符合我的魔法宇宙觀與操作框架。他把第五元素分成三個部分，並用歷史上能夠互相替換使用的詞彙表示：乙太、靈、精髓（Ether, Spirit, Quintessence）。以下是他區分這三者的方式，同時加上了我自己對於這個三次元模型的理解還有領悟。

在這裡，乙太是內在於事物之中的神性。內在性（Immanence）這個概念，指的是神性存在於物質宇宙一切事物之中，與一切事物交融在一起。乙太是我們 G.O.D.（生產－組織－毀滅）縮寫當中「生產」的力量；它是煉金術中「凝結」的力量，把事物聚在一起、綁在一起、形成形體、結合起來的那股力量；十六個次元素（互相組合下）從這股力量中出現，形成了四個主要元素。我把乙太能量對應到低我、下層世界、暖意之釜，以及存在處於其本位本質的狀態。聖火巫術傳統中，我們把這股能量稱為 Z 能量[82]。Z能量構成了所有現實，同時也是創造的力量本身。為了避免跟「乙太」這個詞在其他地方的使用混淆，以下我會把這個概念稱為「Z能量」。

而靈的元素，是超越的神性。超越性（Transcendence）這個概念，指的是神性存在於我們的物理現實和宇宙的外部。在 G.O.D. 縮寫裡，靈是其中的「毀滅」力量，或者說是「溶解」的面向，像一滴水溶進海中。因此，是煉金術中「分解」的力量，把事物解體的力量。不過，我想一切大概都取決於你的視角。乙太向靈攀升，建構統合能量的各個面向；而靈降臨於乙太，把能量的各個面向分解開來。我把靈對應到高我、上層世界、智慧之釜，以及存在處於其變動本質的狀態。

Z 能量跟靈相遇之處，產生的就是精髓。在這裡，精髓有點悖論的意涵。它是「膜」、閾限空間、容器，還有事物核心的神

---

82 Hunter, *The Witch's Book of Mysteries*, 39-40.

性。如果靈的降臨帶來分解，增生的是精髓；如果 Z 能量的攀升帶來鞏固，削減的則是精髓。是 Z 能量賦予事物內涵、中心的身分組成，不管是物理或非物理的事物。就像中我從外在於自我的事物，賦予了人格和個體性，同樣地，精髓也透過一件事物所蘊含的，賦予了它核心的、定義本質的能量，就跟「精髓的」（quintessential）這個字的使用一樣。舉例來說，我們的觀念中，個體具有七重身，其間每道分界、每個重疊的過渡點都是矛盾的，那個同時是兩件事又並非任何之一的時刻，就是精髓。

✦

星盤與大釜

我的聖壇上對應到第五元素的兩項主要法器，分別是星盤[83]跟大釜。星盤就是五芒星盤，通常是木質或金屬製成的圓盤。它是平衡、連結、祝福、守護，與象徵元素和諧的法器。可以把星盤想成是靈性盾牌之類的護符，能化解靠近你的失衡能量；這也是為什麼很多巫者都會戴著五芒星護符，這不只是他們道路的象徵符號，也是在靈性上守護他們遠離不平衡能量的盾。它還能夠透過平衡能量的方式帶來祝福。將祈請文和咒物放在星盤上面，便是加速、增幅目標實現的祝福和顯化法器；也可以用來啟動放在上面的媒材，為之注入能量。

---

83 星盤「Peyton」也被稱為「Paten」；卡波傳統中的拼法是「Peyton」。

在卡波巫術傳統中，我們用星盤來呼喚和遣送元素能量，尤其會用在呼喚四元素還有元素守護者到魔法圈裡的時候。呼喚元素能量時，會用月之手，也就是接受性的手拿著星盤；遣送時則是使用日之手，也就是投射性的手拿持。沒有星盤的時候，手本身也可以以同樣的方式操作，伸展開來的五根手指象徵著五個元素。你可以在 Godsmack 樂團的 MV「Voodoo」裡看見星盤的使用；蘿莉‧卡波本人和她的巫團成員都有在影片中演出，而主唱沙利‧埃爾納（Sully Erna）自己也傳承了卡波傳統。

另一項法器是大釜，在討論水元素的時候，我們就稍微提過了。大釜是煉金術箴言「凝結與分解」（Coagula et Solve）的極致展現，蘊含創造與毀滅、合併與分離，是再生與新生的工具。它是能夠盛載全部四個元素的容器，有非常非常多樣的用途：可以作為象徵內在三只大釜的物理聚焦點，還有象徵我們想在自己身上、生命中還有世界裡創造的個人改變。

在我個人的主要聖壇上使用大釜的時候，我會把星盤放在中央，大釜放在星盤上方；而使用星盤時則是把星盤放在大釜上方。聖壇的中心，以及個人的神聖空間時常對應到第五元素，

這也是為什麼巫者或魔法師會在魔法圈中執行大部分的魔法，而圈外四元素則會各自被安排在指定的位置。

靈之旅

　　進入你的內在神殿。你發覺到神殿中有一扇門，這是通往你靈之神殿的通道。

　　想像自己隨著每個呼吸、每個心跳往前踏出腳步，你越來越靠近門扉，突然——像魔法一樣——門打開了，神殿牆壁彷彿是由宇宙虛空組成的，布滿數十億個小星星，點亮了整座神殿。下層世界跟上層世界在這裡就像是同一個世界。在房間的高處，你發現有著之前四元素神殿的彩繪花窗；北方是水瓶座抱著水罐的人，東方是金牛座的公牛，南方有獅子座的獅子，西方有天蠍座的老鷹。

　　深深呼吸，走向神殿的中心，讓自己漸漸意識到關於這個地方浮現的任何細節。使用任何或全部的感官，讓這個地方變得更加真實。你看見了什麼？聽見了什麼？感覺、聞到了什麼？注意一下你的情緒，你對這個地方有什麼感覺？確認一下你的身體，有沒有任何疼痛不適？你的姿勢如何？

　　從你的內在神性出發，呼喚大男神與大女神，兩者分別像太陽和月亮一樣發著光。花點時間感受祂們，感受這兩股相對而互補的力量。祂們看起來是什麼樣子？感覺熟悉還是陌生？祂們是你期待中的樣子，還是跟你的期待有所不同？你可以清楚地看見祂們嗎？還是祂們以某種方式

被隱蔽起來，讓你在這個時候無法直接看見祂們呢？

伸出左手，女神把一只大釜放在你的手上。花點時間思考它的奧祕：關於出生與重生，關於死亡與毀滅，關於子宮與墳墓。一切從偉大的大釜湧現，一切也終將歸還於偉大的大釜。

現在，詢問大釜祕密的名字。它可能會用某種方式回應你，或者女神會告訴你答案。這裡也一樣，慢慢來。你可能會需要詢問不只一次。

收到名字之後，未來任何時候都可以用這個名字呼喚這項法器的靈能精髓，前來你的魔法中幫助你；它現在也會出現在你的內在聖壇上。

接著伸出右手，男神把一枚星盤放在你的手上。花點時間思考它的奧祕：所有的元素之力、所有物質、所有能量、所有思緒、所有情緒。一切事物都在自身蘊含著一切其他事物。一切在某個程度上都有著生命，寓居著靈魂且擁有意識。每個因都有果，每個果都有因。

現在，詢問星盤祕密的名字。它可能會用某種方式回應你，或者男神會告訴你答案。這裡也一樣，慢慢來。你可能會需要詢問不只一次。

收到名字之後，未來任何時候都可以用這個名字呼喚這項法器的靈能精髓，前來你的魔法中幫助你；它現在也會出現在你的內在聖壇上。

再跟男神和女神對話片刻。問祂們有沒有要給你任何訊息或教導。結束之後，在心輪中發出感謝，並想像感謝傳送到祂們身上，感謝祂們的訊息跟禮物。讚美祂們，並跟祂們道別。然後祂們的光合而為一，慢慢消散到萬物與虛無之中。

轉身，找到你進入神殿的門，打開門，並回到你的內在神殿。給自己一點時間，讓所有經驗回到自己身上。你內在神殿的聖壇上現在有六項法器了。需要執行魔法的時候，可以在這裡進行；你的內在神殿裡有你需要的任何法器、媒材和資源。結束後，做三個穩定的深呼吸，然後回到清醒的意識狀態。

▲ 靈魂啟迪聖儀布陣

靈魂啟迪聖儀

魔法吉時：任何時刻

媒材：

- 10個茶盞蠟燭
- 大釜或裝水的容器
- 乳香

目的：這個儀式會呼喚謨涅摩敘涅（Mnemosyne）以及九位繆思，為你帶來靈感啟發的祝福。謨涅摩敘涅是希臘神話中的泰坦女神，是記憶的化身。跟她合作之後，我發現她不只是記憶的化身，也掌管著心智能力，包括視覺想像；視覺想像是中我跟高我之間的橋梁，也是靈能力發生的地方。這是我個人的領悟，而我能找到最相關的佐證文獻，是來自寫給這位女神的〈奧菲讚歌〉（*Orphic Hymn*）：「（妳）如此生氣勃發，從那黑暗的遺忘之夜喚醒心靈之眼。」[79] 因此，我發現在喚起心靈的靈能力這方面，尤其是靈視，以及發現一個人的真實意志（True Will），她都能帶來絕佳的幫助。

繆思是靈感、創造力還有創新的女神。跟繆思合作，你的生命會獲得更多創造力，包括在設計咒術和儀式這一塊；跟繆思還有她們的母親合作，會讓你獲得靈魂層面的智慧，還有關於靈性道路的創新能力，其中也包括巫術。

---

84 Orpheus, *The Hymns of Orpheus*, 93-94.

謨涅摩敘涅居住在下層世界裡的一座池邊，這座池水以她命名，跟遺忘之河蕾忒（Lethe）相互平衡；靈魂只要喝下蕾忒的水，就會忘卻自己活過的一生，繼續投胎轉世。奧菲信仰中，信徒被教導不要喝下蕾忒的河水，等到來到謨涅摩敘涅的池邊，再喝下池中的水，這樣他們就會記得自己的眾多前世，結束轉世重生的輪迴，跟奧菲斯和其他傳奇故事中的英靈一起生活於彼岸。所以，對我來說，謨涅摩敘涅不單單只是記憶的化身，也是高我、不朽靈魂的記憶本身。

　　希臘神話中，謨涅摩敘涅連續九個晚上與宙斯同寢，生下了九位繆思。身為繆思的母親，我又更近一步把她跟高我連結在一起，因為在古希臘文化中，據說真正的靈感啟發是透過個人的「神靈」（daemon，在古羅馬文化中被稱為「genius」[85]）傳達到人身上的。柏拉圖把這種神靈視為看顧人的靈界存在，而現代神祕學家則把祂跟神聖守護天使（Holy Guardian Angel）或高我的概念連結了起來。所以對我來說，謨涅摩敘涅也是高我真正的意志女神。〈奧菲讚歌〉中唱道：因為謨涅摩敘涅，「靈魂與心智合而為一」，這點也呼應了柏拉圖對記憶的看法（記憶是一種宇宙中的自然之力），記憶是將智性（the intellect，也就是心智〔the mind〕或中我）跟靈魂（或高我）結合在一起的力量[86]。

---

85 譯者註：拉丁文指「靈」，現代英語衍生義為「天才」。
86 Orpheus, *The Hymns of Orpheus*, 72.

作法：首先焚燒乳香作為供奉，因為乳香於繆思和謨涅摩敘涅是神聖的 [87]。在聖壇的中央放上一只裝滿水的大釜，然後在裡面放入一個茶盞蠟燭，蠟燭應該要能漂浮在水面上。接著用九個蠟燭在大釜的周圍排列出三角形，三個一組。點亮大釜中的蠟燭，並說：

> 繆思的母親，謨涅摩敘涅，我呼喚妳
> 記憶的泰坦，記憶的女神，我呼喚妳
> 靈魂真實之光的揭示者、
> 賦予內在視野之人
> 以水中的這份火光
> 我為妳的女兒敞開大門！

暫停片刻，專注感受謨涅摩敘涅來到身邊。然後說：

> 那至高宙斯誕下的神靈
> 來吧！九位姐妹，來到這裡
> 妳們的聖火，三三有九
> 妳們的聖名，我一一稱頌

現在把剩下的蠟燭一一點亮，從第一個點到第九個。點亮每個蠟燭的同時，一一說出繆思的名字，然後花幾分鐘專注感受她們的降臨。

1. 卡利俄佩（Calliope）

2. 克利俄（Clio）

---

87 Orpheus, The Hymns of Orpheus

3. 厄剌托（Erato）

4. 歐忒耳佩（Euterpe）

5. 墨爾波墨涅（Melpomene）

6. 波呂謨尼亞（Polyhymnia）

7. 忒耳普西科瑞（Terpsichore）

8. 塔利亞（Thalia）

9. 烏拉尼亞（Urania）

　　點亮所有蠟燭之後，把注意力集中在智慧之釜，那是高我的能量錨點，位於頭頂天靈處。在心中看見大釜出現在頭頂上，觀想繆思把靈感與啟發傾倒到大釜中，彷彿液態的光芒。看見液態的光滿溢出來，流淌在你整個能量身體、充滿氣場，並說：

請將妳啟迪的火花

注滿我的智慧之釜

以我聖靈神聖的意志　點亮我心靈的創造之力

以我的話語　以我的雙手

我會在這片土地上予其形體

　　如果想要的話，現在可以開始冥想，跟繆思相處對話。讓蠟燭完全燒盡。蠟燭燒完之後，把蠟燭從大釜中取出，剩下的水倒入一個杯子裡。之後可以把水加入浴水中；沒有浴缸的話，可以在淋浴後把水從頭頂倒下。結束後，

感謝繆思帶來的靈感。我建議再燒一點乳香當作祭品，表達感謝。

▲ 靈能五芒星

✦

元素、感官與靈能感官

根據我受到的教導，每個元素分別對應一種主要的感官，還有該感官相對應的靈能感官。地元素掌管觸覺、物理上的互動和靈界觸覺（靈觸），也就是靈能力上透過觸覺或身體感受獲得訊息的能力。風元素對應到空氣帶來的氣味，對應的靈能感官是靈能嗅覺（靈嗅），即嗅聞的靈能力。

同樣地，因為口腔與舌頭分泌的唾液，水元素的物質感官是味覺，對應的靈能感官也是靈能味覺（靈味），也就是透過出現在口腔中的味覺心靈印象得到訊息。火元素對應到視覺，主要因為眼球接收光線是視覺運作的原理，自然而然，靈能視覺（靈視）就是它對應的靈能感官。而靈元素對應到聽力還有靈能聽覺（靈聽）。靈聽通常被認為是跟通靈還有靈界溝通關係最緊密的靈能感官。因此，我發現呼喚你的元素盟友（在元素之旅遇見的那些存在），對開啟你目前正在鍛鍊的靈能感官會非常有幫助，祂們有助於你強化、發展對應的靈能感知力。只需要在心中或口頭上，用祂們給你的名字呼喚，就能得到幫助。

第七章

與太陽、月亮和季節同步

Synching with the Sun, Moon, and Seasons

魔法擇日的根源是占星術。占星術是研究天體運動，以及天體如何影響地球人生活的學問。歷史上許多不同文化都使用過占星術，但儘管已經有數千年實行的歷史，占星術確切的源頭仍未可知。根據歷史記載，占星術的根可以回溯到埃及與美索不達米亞文明，在那些地方，我們最早的文化與文明嘗試透過星星了解發生在自己周遭的事情。古代人在星體的運行中發現了規律，同時體現在自然中以及自己的生活中。這門觀察頭頂上天空的科學，後來變成了預測事物發展的方法。不久古人就發現，可以在魔法中使用占星術決定適合的時間，加強魔法的效力。

雖然對施行咒術或魔法來說，魔法擇日並不是必須的，但這仍然是個非常強大，卻容易被忽視的要點。巫認為宇宙是個廣袤的空間，其中的能量透過因果法則彼此互動、互相影響，而占星術讓我們能夠在大宇宙的層級上，去追蹤還有瞭解這些能量的影響。

思考魔法擇日最容易的方式，是把咒術想像成打保齡球。球道尾端的球瓶是你瞄準的目標，手中的球是你的咒術。理想上，你會想要達成「全倒」，投一次球就放倒全部的球瓶；並且想要避免保齡球掉進旁邊的球坑，一個球瓶也沒打倒。把占星擇日納入咒術規劃時，就像在保齡球道放上引導球路徑的實物；球道上有越多「引導實物」，就越能幫助你投出全倒。

當然，雖然理想情況是在所有星象都在完美的狀況下，在完美的時機進行咒術，但這可能會讓你等上幾年，甚至數十年才能等到星星最完美的排列。因此，我們嘗試把焦點放在對魔法有最強烈影響的兩顆天體上：月亮跟太陽。因為它們完成一個循環週期

的時間最快，這讓它們的影響尤其顯著。這也代表有更多機會可以找到提升咒法成功率的良好時機，而不用為了完美的施法情況等上三十年。沒有人有那麼多時間。

✦

太陽

巫術在歷史上主要跟月亮和夜晚連結在一起；群巫在暗夜隱密的帷幕下施展魔法。雖然此話不假，但也不是故事的全貌。巫運用太陽力量的程度，跟他們運用月亮的程度相當。根據太陽的相位施法，對任何巫者而言都有非常大的好處，尤其我們大多數的人——除了上夜班的人——都在白天醒著過生活。對巫而言，太陽是純粹的生命主動力，這也是為什麼它會升起與落下，而太陽的消失也被很多古文明視為跟死亡與重生的生命循環有關。陽光哺育生命，有助於我們這顆星球上植被的生長，而植物是整個生態系統食物鏈的主要關鍵。依賴陽光的植物也生產了氧氣，並調節大氣含氧量，又因此創造了適合動物生存的完美條件，其中包括我們人類。太陽也帶來了溫暖和舒適。太陽跟我們星球的關係，決定了一個區域的氣溫高低，例如，在赤道太陽直射的地方，氣候比較溫暖；而在南北極則非常寒冷。

春天

從春分到夏至期間就是春天。春天的時候，魔法顯化的能量開始增長、提升，跟外在事件還有我們生命中的人們相關的靈能力同樣也越來越強。這個時機適合開始執行大型的顯化魔法，用來創造主要的改變，讓它在接下來的一年中開花結果。換句話說，在春天執行實現你人生大型目標的魔法，時機非常完美。在這個時期，指導靈跟眷屬對人們也會有更快的回應；心靈共感力和情感能量也會在這時提升。春天的夢境本質上也更能預知未來。

夏天

從夏至到秋分期間就是夏天。夏天的時候，魔法能量潮通常會更加強化，這時對已經在發展的事施加快速顯化的魔法，通常也會更加成功。我的意思是，春天適合做找到新工作的魔法，而夏天適合為你已經在做的工作施展魔法。這個時間適合用魔法來調整、改善你生命中已經有的事物，而不是顯化全新的事物。傳統上，通靈跟靈能工作在夏天執行起來會比較困難，不過夏天非常適合用來檢視你的人生架構，還有探索過去如何影響著你的現在與未來。上層世界的旅行在這個季節最為容易。

秋天

　　從秋分到冬至期間就是秋天。魔法上，秋天非常適合用來施展增加人生豐收的魔法，無論豐收對你來說代表什麼。秋天的時候，你可能會發覺靈能力劇烈提升，尤其關於通靈術這方面，對未來進行占卜的結果也會變得極度清晰。通靈能力在這個時候會變得很強，有時候幾乎毫不費力，甚至會意外發生；跟其他季節相比，神靈更常在秋天造訪你的夢境亦非不尋常的事。

　　在秋天衡量生命中哪些事物對自己已經不再有好處，時機上也非常理想。可以占卜看看，沒有這些事物，你的生命會變得如何？也適合施魔法來讓阻撓你的人、事、態度、場所、情境和習慣，從你的生命中蛻去。秋天時，星靈體投射會開始變得越來越簡單，清明夢和任何類型的夢境魔法亦然。

冬天

　　從冬至到春分期間就是冬天。冬天通常是魔法能量流最微弱的時候。能量不再往外擴散，而是更向內在集中。這可以讓星靈體投射變得更加強烈，還能帶來更加鮮明的夢境和清明夢。這個期間自我照顧是最重要的，不只是因為缺乏陽光的生理／心理影響，也因為我們需要在這段期間真的好好休息，補充自己的魔

力，在季節的輪盤再次循環時，為新的季節做好準備。改變自我心理和情感層面相關的魔法，在這個時候效果會增強，對這部分的自我療癒也是。

冬天是深度默觀、冥想，還有向生命中的祝福致上感謝（這是充滿魔法顯化的人生關鍵要素！）的時刻。清理、淨化，還有驅逐在這個時候都非常好。這段期間，神靈的活動也還非常旺盛，雖然用通靈的方式跟祂們溝通，跟其他時候相比會更困難一點。地下世界旅行在這個季節最為容易。

✦

一天當中的時刻

一天當中的不同時刻跟太陽還有魔法吉時也有關係，我們一般會把白天與黑夜分成四個時刻：黎明到中午、中午到日落、日落到午夜、午夜到黎明。

✦

黎明

從黎明（日出）到中午這段時間，對應到在生命中吸引和顯化新事物的魔法，或為一天訂下調性頻率的魔法。黎明是最能夠強化這種魔法的時刻，充滿提升的力量。

✦

正午

正午是太陽在一天中抵達天空頂峰的時刻，從正午到日落期間，有益於施行跟「增加」有關的魔法，以及成長、力量、穩定及豐盛相關的咒法。正午對這種類型的魔法特別有益處。

✦

日落

從日落到午夜，適合執行決心、驅逐、束縛、清理、結束，還有斬斷連結相關的工作。日落是這種能量的巔峰時刻。

✦

午夜

從午夜到黎明這段時間，有著跟日落到午夜一樣的性質，因為這段時間還是黑暗的時刻。然而，在這段時間，做死靈術、接觸神靈、星靈體投射等都非常理想；夢境魔法的效果在這個時段也會大大增強。傳統上，這段時間的能量巔峰是午夜。

第三眼開啟魔法

梅拉妮‧巴儂（Melanie Barnum）作

魔法吉時：黃昏

媒材：

- 1瓶生物可分解的亮粉（有各種不同顏色最佳）

目的：這個咒術的目的是幫助你開啟第三眼。第三眼位於額頭的中心，稍微比眉毛高一點的位置。第三眼是你靈視力的核心。這個咒法有助於你提升現有的靈能力或直覺，以及清除任何可能阻礙你的天賦開花結果發揮出來的事物。

作法：這是一個很簡單的咒術，不過你需要帶著非常明確的意念執行，專注在「開啟靈視力」上。理想情況是到戶外可以看見天空的地方，最好有可以提供你一點隱私的草叢，讓你不會被打擾。同時，在天氣乾爽的傍晚執行是重點中的重點。任何類型的降水，像是雨或雪都會影響成效。

　　帶著亮粉到戶外，開始儀式之前做一個深呼吸。吐氣，然後再次深深吸氣，並說：

我的意念是

開啟第三眼，啟動靈能天賦。

打開裝著亮粉的罐子，看向北方，並大聲說：

世上色彩豐富又繽紛
每個人自由自在欣賞著
從天空大地到萬物
屬於每個相信並祈願的人

接著，面向北方，用右手撒一點亮粉到空中。亮粉飄落時，用左手抓住一點，然後同樣用左手抹一點亮粉在第三眼上。

轉向南方，面向天空說：

我的靈視清晰無比
我的意念真實無虛
就像天空黑轉藍
畫面馬上來顯現

用右手拿一點亮粉，撒向天空，再次用左手抓住一點飄落的亮粉，並抹在第三眼上。

接下來，轉向東方。帶著做好準備的開放靈魂，大聲陳述：

第三眼此刻開啟
我的直覺天賦因此提升
帶來完全的改變
並讓靈視展翅飛升

再次重複亮粉儀式，最後把一點亮粉抹在前額，即靈視力的中心。然後轉向西方，說出這些話語：

以全心的意念我宣告
現在所有意象與畫面
我都能夠精準地理解
我的靈視能力沒終點

　　再把亮粉拋撒在空中最後一次，用左手抓接住一點，這次把亮粉抹在第三眼的時候，同時把亮粉罐舉在前額前方，感謝你現在已經開啟的靈視天賦。

　　最後，慢慢轉個圈，把剩下的亮粉撒在空中，同時大聲重複所有話語，讓亮粉的顏色跟宇宙中的所有顏色結合，讓你的靈視開啟，接收即將到來，多采多姿的訊息。

✦

靈能力、顯靈、光與暗的週期

　　太陽不只對我們的靈能力有直接的影響，甚至也影響了某些類型神靈的顯現與活動。首先，太陽跟我們的晝夜節律有直接的關聯。晝夜節律是我們體內的生物時鐘，透過褪黑激素調節睡眠與清醒的週期。在我的前一本書《魔法顯化》裡，我討論了松果體、晝夜節律、光、褪黑激素分泌、腦波以及靈能力之間的關係；我也討論了為什麼光線昏暗的情況和夜晚更適合施魔法。

　　其中特別有趣的是：一般成年人體內，褪黑激素經過晝夜節律的調節，每天有兩次分泌巔峰。這改變了腦波，讓它更穩定地處

在阿爾法區間，並陷入西塔波段（靈能力發生的腦波區間）。第一個巔峰是凌晨一點到三點之間，另一個則是下午兩點到四點。這表示，這些是睡眠規律的成年人靈能力自然強化的時段。最驚人的是，凌晨一點到三點不偏不倚剛好就是「逢魔時刻」，也就是靈界活動的時期，對祂們的感應也會有所提升。

還有一個非常有趣的面向也跟太陽及神靈有關，那就是日光跟神靈顯現之間的關聯。不少神靈似乎更偏向在黑暗中顯現。靈體在晚上出現這類傳說各地都有，也是很多人都視為理所當然的事；不止如此，更有趣的是，只要空間中沒有光，尤其是陽光，這類型的神靈也會在任何時刻在我們的世界顯現、跟我們互動。想想看，有多少在完全沒有光，尤其是沒有陽光的閣樓或地下室目擊靈體的例子。這不只是個常見的經歷，也成為了我們文化的媒體和故事裡的經典橋段。

所以，開始討論之前，我要再次澈底明白重複：頻率的高低不是道德的指標，也無法定義該存在是「好」是「壞」。不像某些宗教或主流媒體的報導，居住在特定頻率層面並不代表該神靈根本上的好壞。宣稱頻率高低決定好壞，就像在說住在地上的動物本質上就是邪惡的，而住在樹上的動物道德上更高等。這種宣稱不僅無知而浮泛，無視了一切細節，同時也是許多人都帶有的強烈偏見。

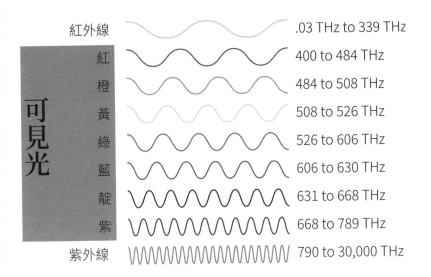

紅外線		.03 THz to 339 THz
紅橙黃綠藍靛紫 可見光		400 to 484 THz
		484 to 508 THz
		508 to 526 THz
		526 to 606 THz
		606 to 630 THz
		631 to 668 THz
		668 to 789 THz
紫外線		790 to 30,000 THz

▲ 可見光光譜

　　關於頻率，讓我們來看看光譜吧！人類肉眼可見光的範圍介於 430 至 720 太赫茲（Terahertz, THz）之間。光譜中的紅光落在 400 到 484 太赫茲區間，是我們肉眼可見、波長最長、頻率最低的光。從 399 到 0 太赫茲的光波長太長、頻率太低，以至於肉眼無法看見，並被歸為所謂的「紅外線」。紫光落在 668 至 789 太赫茲，是我們肉眼可見、波長最短、頻率最高的光；而從 790 到 30,000 太赫茲的光，波長太短、頻率過高，因此肉眼也無法看見，所以被稱為「紫外線」。太陽是紫外線的主要來源，尤其光源是自然光的情況下。

　　回到光與神靈之間的討論。在一些特定神靈的漫長歷史與傳說中——尤其是鬼魂和惡魔——祂們常常在夜晚或黑暗中活動，在沒有光的情況下，尤其是沒有陽光的時候，這點非常有趣。我相信，這

是因為這些神靈居住在振動比較緩慢、比較低的頻率上，所以跟人類感知以外落在紅外線某個區間的頻率更為匹配。有意思的是，傳統的通靈儀式和降臨會上，靈媒召喚靈體的時候會使用紅光，他們相信這樣能讓亡者的靈體更容易顯現，也有助於靈質（ectoplasm）的產生。他們在做的是：為靈體創造理想的環境，讓祂們在特定的頻率上能跟我們互動；創造出現實之間重疊的橋梁。

因為波長更長、發出的能量也更少，所以振動頻率慢的光似乎更能讓靈體顯現出來，並跟我們所在的現實層級產生互動；當然，這全部都同時發生在同一個我們共存的多重維度空間中。根據我的經驗，更高頻的存在要跟我們互動或顯化任何祂們想要顯化的，都不會有困難，因為祂們已經在以更高的速率振動著，在我們可見光的區間之外發揮出更多的能量，要做到顯化，唯一需要做的只有放慢振動速度。

另一方面來說，高頻的光，尤其是太陽產生出來的紫外線，會讓低頻的存在更難顯化，也更難跟我們的現實產生直接互動。我知道甚至有個巫術耆老處理特別棘手的鬧鬼情況時會帶入紫外線光。

這麼做就巫術的標準來說，看起來很不傳統，但這確實是解決麻煩邪祟的有效方式。有時候鬧鬼情況是永久的，但通常都是暫時性的，只需要多執行幾次驅逐與驅邪儀式就能解決。不過我覺得這些儀式應該保留給極端案例，只有在面對特別麻煩的靈體時使用。跟神靈連結，弄清楚祂們想要或需要什麼會是更有幫助、更加長遠有效的處理方法，而且對任何一方都更好，對物理或非物理的人而言都是如此。有些神靈完全無害，寧願不被打擾，也不想打擾到

你；有些則是在尋求協助，但不知道怎麼引起我們的注意而不會嚇到我們。

　　儘管在一天中的任何時段都絕對有跟神靈連結、溝通和協作的可能，但一定也存在著一些能讓這樣的工作更容易的條件。在內在條件與外在條件之間，在依據晝夜節律發生的腦波週期中凌晨一點到三點的區間，與沒有陽光的午夜時分之間，一定有些什麼說明了「逢魔時刻」這樣的概念：一個與神靈接觸、對話，還有靈界存在顯現的理想時間。

練習56

太陽禮讚

魔法吉時：一天當中各個特別標誌的時刻

媒材：無

目的：太陽禮讚是泰勒瑪（Thelema）裡規律執行的儀式，執行者會在一天中的眾多時刻向太陽致意。這個作法常常被稱為「執行列許」（Performing Resh），因為這套儀式來自阿萊斯特・克勞利（Aleister Crowley）的 Liber Resh Vel Helios[88]。「Liber」意思是「書」，「Resh」是個希伯來字母，在卡巴拉中對應到太陽、太陽神祇，還有塔羅的太陽

---

88 Crowley, Waddle, and Desti, Magick: *Liber Aba*.

牌。Helios 即海力歐斯，則是古希臘宗教裡的太陽泰坦巨神。克勞利部分靈感來自伊斯蘭每天不同時段的五次朝拜：日出、正午、下午、日落跟夜晚[89]。在克勞利的版本中，魔法師面向四個方位，分別呼喚對應到一天四個不同時刻的埃及太陽神祇。在一天中的這些時刻，太陽處在天空中不同的「驛站」。

這個儀式有好幾個目的。首先它能連結太陽的能量，為人的能量身體還有魔力注入生命力；同時也能讓人跟自然的節奏同步，因為太陽每天升起落下，循環比季節或甚至月亮都要來得快。最重要的是，這道儀式的目的是作為冥思的焦點，其中術者把太陽視為自身高我的象徵、自身神聖的部分。身為有著肉身、居住在地球上的生命，從我們的角度來看，太陽彷彿每天升起落下的現象不過是個幻象。在許多古老文化中，人們相信太陽在每個早上重生、每個晚上死去，或者在白天的時候行經上部世界，夜裡渡過下部世界。然而在移動的並不是太陽；太陽是永恆不移的。真正移動的其實是我們，因為地球的旋轉而產生了視角的相對變化。

所以，如果我們把太陽視為自己的高我，在地球上的自己是現下的轉世，就能發現我們確實是永恆的存在；我們

---

89 杜奎特等，《儀式魔法全書》，頁343。

的存在不是由物質的轉世決定，也不會在死亡時告終。因此，這讓人想起了神祕學家說的「大功業」。法國神祕學家艾利法斯・李維（Éliphas Lévi）把「大功業」定義為「人對自身的創造。也就是說，人只要完整掌握自身能力以及未來，尤其是意志的完美解放，就能獲得完全駕馭普遍魔法要素（Universal Magical Agent）的力量。古代哲學家用「第一物質」（the First Matter）來稱呼這個要素，它決定了可變物質的型態，而透過它，我們就能真正成功點石成金，煉製普世萬靈藥（Universal Medicine）。」[90] 換句話說，大功業指的是在內在層面轉化了自身，開啟人類完整的潛力並再次跟我們的神聖本質合一，而煉金術士把鉛變化成黃金的追求就是大功業的象徵。

所以，一言以蔽之，太陽禮讚能夠強化我們的魔力和能量身體，讓我們跟自然的節奏同步並跟高我重合；這套儀式提醒我們有著永恆的本質，也讓我們想起「大功業」。這邊我提供的是我自己的版本，當中去除了特定的神祇名諱和性別稱謂，並再次強調它的主要重點。我也納入了「巫者金字塔」（the Witch's Pyramid）的概念，這是巫道偉大功業的藍圖。雖然有些泰勒瑪實踐者會因為克勞利的儀式被修改而感到被冒犯，但克勞利自己就寫道：「毋須如奴隸般

---

90 Lévi, *Transcendental Magic*, 104.

模仿（他的儀式）；若弟子不懂其目的便不該行使；若有能力，他也會發現自己的粗糙儀式比他人精細打磨過的儀式來得更有效益。」[91]

作法：起床時（不過理想時間是日出），面向東方，舉起雙臂、掌心朝上，禮拜太陽。閉上眼並說：

偉大的太陽，光之君王啊！

你在有形的世界攀升

安坐於你的寶座，安穩永恆

我呼喚你：成為我的友伴

日與日、靈魂與靈魂（Soul to Soul and Sol to Sol）

教導我如何「知道」（To Know）

與偉大功業同調

讓我能對自己所有部分都清楚明瞭。

正午，太陽抵達天頂時，面向南方，舉起雙臂、掌心朝上，禮讚太陽。閉上眼並說：

偉大的太陽，光之君王啊！

你君臨整個有形之界，統領眾生

安坐於你的寶座，安穩永恆

我呼喚你：成為我的友伴

日與日、靈魂與靈魂

---

91 Crowley, *The Equinox.*

教導我如何「意欲」（To Will）
與偉大功業同調
讓我對自己所有部分都清楚明瞭。

日落時分，面向西方，舉起雙臂、掌心朝上，禮讚太陽。閉上雙眼並說：

偉大的太陽，光之君王啊！
你在有形的世界西沉
安坐於你的寶座，安穩永恆
我呼喚你：成為我的友伴
日與日、靈魂與靈魂
教導我如何「勇敢」（To Dare）
向偉大功業投身
讓我能對自己所有部分都清楚明瞭。

夜裡（午夜最為理想），面向北方，舉起雙臂、掌心朝上，禮讚太陽，即使無法看見。閉上雙眼並說：

偉大的太陽，光之君王啊！
你在有形的世界隱遁
安坐於你的寶座，安穩永恆
我呼喚你：成為我的友伴
日與日、靈魂與靈魂
教導我如何「沉默」（To Be Silent）
向偉大功業投身
讓我能對自己所有部分都清楚明瞭。

月亮

　　跟巫術還有巫有著最深淵源的天體，就是月亮了。巫在滿月的夜裡聚會，這樣的畫面深植我們的文化想像，而事實也相差不遠。文化上，月亮跟巫術以眾多不同的方式牽絆在一起。最明顯的是，月亮是夜空中的光源；古時候，月亮是人們在夜裡的唯一光源，因此衍生出許多跟巫術有關的符號，這是個難以否認的事實。

　　月亮也象徵了未知與無意識領域的奧祕。巫與月亮之間聯繫的根，很可能深植於古代的神話、傳說與宗教之中。希臘羅馬神話中，許多明確跟巫術魔法有關的女神也都是月亮女神，像是黑卡蒂、黛安娜和塞勒涅（Selene）。同樣地，很多希羅神話中的女巫和女術士，例如喀耳刻（Circe）和美狄亞（Medea），都被描述為黑卡蒂的女祭司或女兒。

　　月亮也是靈能力和魔法的完美物理象徵；而靈能力和魔法其實也是同一件事物的表裡，差別只在我們是在接收、感知能量，或者在操作能量，把它發送到宇宙中。月亮接收太陽的光，並把光折射到地球上。月亮也是化形者（Sahpeshifter），在一個月之中不斷變換型態，在光與暗之間平衡，一如巫的靈性之路。月亮也掌管著魔法與靈能的能量潮汐，一如透過它的不同面向，它會有光與暗的潮起潮落，以及月球的引力也同時影響著地球海洋和熔岩的潮汐。巫術中，月亮同樣透過月相影響著靈能和星靈能量流，以及它們的潮汐。

新月／黑月

有些人不區分新月跟黑月，可以互換使用，而有些人則爭論著兩者之間的不同。不同的傳統和思想學派對新月跟黑月的定義會有些微的差異。對我來說，黑月是新月的一部分。黑月是月亮百分之零被照亮的月相，肉眼完全看不見。在這之後，月亮開始漸盈的這段時間，就是我對新月的定義。天文學上，新月是月亮處於太陽跟地球之間的時間段，因此只有很小一部分折射了太陽光。

這段時間，我幾乎不做，甚至完全不做跟外在顯化有關的咒術工作；相對地，這段時間是我把注意力放回內在，好好休息的時刻。陰影工作、內在之旅、自我提升、冥想，還有默觀在這個期間都會大大地充滿力量。同樣地，這也是開始規劃、準備魔法工作的絕佳時機。我常常用這段時間來確認自己做一道咒術的意志，還有決定我想透過咒術實現什麼。我建議用這段時間盡可能徹底釐清自己的意志，還有它會帶來的結果，然後開始規劃要如何執行儀式。

滿月

滿月是月亮百分之百點亮的月相。天文學上，從地球的角度觀測，滿月是月亮處在跟太陽完全相對位置的時刻，因此能夠完

全折射陽光。滿月是縱橫歷史跟巫有著最深關聯的月相，而且非常有道理。魔法上來說，月亮滿盈之時，它的力量達到了頂峰，同時也是完全漸盈與完全漸虧的曖昧狀態。很多巫者認為滿月的前一天和後一天，都能算是滿月，適合針對任何意念、任何目的的魔法。這個時刻非常適合進行魔法，任何咒法的效果也會大大提升。滿月也很適合清理魔法物件，幫它們充能（因為是盈虧之間的完美曖昧時間點）。

✦

上弦月與下弦月

滿月到新月、新月到滿月之間的變化，是月相的第二個主要區分，也就是上弦月跟下弦月。它們是月亮能量移動的主要潮汐。簡單來說，上弦月期間，月光越來越豐滿，朝向滿月前進；下弦月期間，月光逐漸消減，走向新月。就魔法思維而言，以下是個很棒的理解方式：上弦月期間，月亮往外折射的光越來越多，所以適合向宇宙發送出外在顯化的目標，也就是關於在你的生命及物理世界中實現改變的魔法。下弦月時期，折射光越來越少，因此非常適合把事物從你的生命和物理世界裡驅逐的魔法，也適合把你發送出去的改變往自己的方向收回來的魔法。可以把魔法想成迴力鏢，上弦月的時候你把迴力鏢投出去，而在下弦月時，成效越來越強大顯著，就像回力鏢返回到你身邊。

有個簡單的方法能判斷月亮是上弦月還是下弦月：讓雙手形成彎月的形狀，然後看月亮的樣子跟哪隻手一樣。如果看起來像你右手形成的彎月（右手在能量解剖中常常是具有投射性的手），代表是上弦月。如果看起來像左手的彎月（左手在能量解剖中常常是具有接受性的手），代表是下弦月。還有一個判斷月相的記憶法也很棒，那就是記得羅馬女神黛安娜和黑卡蒂。如果月亮跟黛安娜（Diana）名字裡的 D 方向一樣，那就是上弦月，能量正在提升。如果跟黑卡蒂（Hecate）名字裡的 C 方向一樣，那就是下弦月，能量正在消退。最後一個判斷月相盈虧的簡易方式，跟我們小時候在學校學到的東西有關。月亮看起來像「大於」（＞）符號時，是上弦月；像「小於」（＜）符號時，是下弦月。

✦

四分月相

下一種區分月相的方式是四分法，一如其名，總共有四個相位。四分法除了新月跟滿月，也納入了兩者之間的中點，大約落在新月跟滿月七天之後。月亮影響著魔法能量，也影響著靈能量的潮汐。

✦

第一相位

第一相位是從新月開始計算，到新月跟滿月之間上弦月中點的時期。月亮有一半還處在陰影中，看起來像大寫的字母 D。這段時間非常適合用魔法來累積、形塑能量，讓它們開始運作，顯化你的意志。跟動力有關的魔法在這段時間也特別強大。月亮的第一相位下，通常靈能感知力會開始自然增強。因此這段時間也非常適合做靈能占卜，尤其跟正要開始發生的事有關的占卜。這時候你可能會對占卜特別有感應，並感覺能比平常更清楚理解占卜的結果。你也可能發覺靈界盟友開始為你帶來各種訊息。月亮處在這個相位下的時候，人們通常會有比較高的同感力，對他人的情緒也比較敏銳。我個人發現，這段時間我的夢境會比平常更加鮮明，也更常作清明夢或發生星靈體投射。

✦

第二相位

　　第二相位是從新月到滿月之間的中點開始計算，直到滿月的這段時間。這個時段非常適合把注意力放在魔法的細節上，諸如提升能量、加快速度、強化需要強化的地方。此時是個好時機，適合施展擴大相關的魔法，還有為生命帶來平衡與和諧的魔法。這段期間也非常適合發展靈能力，占卜在月亮的影響下通常能產生最清晰的結果。這是發展通靈能力的理想時刻，你也非常有可能發現自己的直覺達到了顛峰。

　　這段期間往往也會有更多的預知夢；越靠近滿月，越適合進行夢占，也就是透過夢境獲得解答的方法。也是在這個時候，你更可能從神靈或指導靈那裡接收到問題的回應。

✦

第三相位

　　第三相位是從滿月開始計算，到滿月跟下一次新月之間中點的這段時期。這段期間很適合完成目標的魔法，還有收穫成果的魔法；也很適合從生命中驅逐事物以及收成顯化的結果，讓這些成果成為生命的一部分。這段時間是進行防禦相關魔法的良好時機，包括創造護盾、自我防衛，以及驅逐事物。月亮在第三相位下，靈能力開始向內收縮集中。你可能會發覺更能夠感知到外在

的神靈，尤其是土地靈和亡靈。你也會發現，占卜和靈能感應在這段時間變得沒那麼清晰，對於理解感知到的事物也變得比較不容易。

✦

最終相位

最終相位是從滿月到下一個新月之間的中點開始計算，持續虧缺到新月的時期。月亮有一半再次隱沒在黑暗中，看起來像倒過來的大寫字母 D。傳統上，會在這段時間施展毀滅魔法、惡咒，或進行結束、分離、限制、束縛等相關工作。這也是休息和復原的好時機。根據我的經驗，最終相位是靈界活動最強的時段。這個時候嘗試感知外在於自身的事物，得到的占卜或靈能感應結果往往會更難解讀。這是冥想和進行內在工作的理想時間，也適合陰影工作，還有發覺、解鎖自己的內在面向與智慧。用這段時間讓你的靈能力和占卜嘗試好好休息會非常理想，尤其是接近新月的時候。

✦

無相月

無相月，指的是月亮離開當下所處的星座相位，但卻還沒抵達下一個星座的時刻。一般認為這段時間非常不穩定。

月亮在這時被認為是「空亡」，是因為在占星術中，它在進入下一個黃道星座之前，沒有跟任何其他星體形成有著特定角度的任何「相位」（aspects）；月亮之所以「空亡」，也是因為這段期間我們不會從它那裡接收到任何穩定、可以運用的能量訊息。因此，這段時間在魔法上通常被認為是虛無的。一直以來，我所學到的是，月無相不是個吉時，不適合施展任何魔法，但也有人不同意這點。就我的經驗，真相是這個時候施展的魔法，跟其他時候相比，常常會比較弱——而且這還是最好的情況了。就我的經驗，通常咒術只會部分地實現，或完全不以我想要的方式實現。最糟的情況下，會發生走火反噬。在占星術中，不建議在這個時候開始任何新事物，或簽下任何合約，因為不吉利。我強烈建議不要在這個時候施魔法，這也不會造成太大的問題，因為無相月的時間持續得不長——通常只有幾個小時，最多一天。可以查詢占星曆或魔法專用的年曆，例如《鹿林月亮的每日咒法巫年曆》（*Llewellyn's Witches' Spell-A-Day Almanac*）。無相月在占星曆和年曆中一般會標記為「v/c」。

練習 57

光之水

魔法吉時：任何時刻；根據你的意念對應到的時刻

媒材：

- 透明無色的罐子或有蓋子的玻璃瓶

- 飲用水
- 標籤

目的：光之水（常常也稱為太陽水或月亮水），是最容易施展的魔法之一，而且極度多樣化。水會捕捉陽光或月光，並充滿日月的能量。水在能量上或物理上都具有接受性，也是溶劑。可以把水想成能量海綿。如果要做月亮水，記得月相還有月亮所在的星座，因為做出的月亮水也會蘊含這些屬性。太陽水也一樣，會受到所在星座的影響。不管在什麼相位或什麼星座，水都會有太陽或月亮的能量，有時候這樣就足夠了。

你可以喝下光之水，把能量吸收到體內；也可以加一點在儀式浴裡、用來清理魔法工具、清理跟祝福居家環境，或當作噴霧使用。平常怎麼使用水，就可以怎麼運用它；這是一個把魔法帶入日常生活的絕佳方式。請確定使用的瓶罐是透明無色的，因為有顏色的玻璃會阻止特定的光線進入，這也是為什麼藥瓶跟精油瓶永遠都不會用透明無色的玻璃製成。

作法：把瓶子裝滿水，蓋上蓋子，放在室外或窗臺上。關鍵是把瓶子暴露在月光或日光底下。如果能讓瓶子直接接觸到光線最好，不過因為天氣或其他原因，這並不總是可行；別擔心，成品還是會有效，只是沒那麼強大。確定有把蓋子蓋上，避免裝有水的瓶子放在戶外的時候有灰塵或奇怪的東西

掉進水裡。製作光之水的關鍵跟任何魔法一樣，圍繞著意念與意志。毫無思考，就只是把水放在戶外不會有什麼效果。我喜歡跟水連結，讓它知道我想請它做的事。我會拿起水罐，靜下心來連結，然後朗誦下面的話語。

製作月亮水的時候，我會說：

> 水之靈，請你知悉並記起
> 今夜月光的魔力
> 記得它的星座、它的相位
> 讓我把它用在魔法裡

製作太陽水的時候，我會說：

> 水之靈，請你知悉並記起
> 強大太陽的神力
> 記得今天它的星座
> 讓我把它用在魔法裡

然後把水瓶放在戶外吸收能量。月亮水通常會放在戶外過夜，並在太陽升起前收起來。同樣地，太陽水會在白天的時候放在戶外，在日落之前收起。如果錯過這些時間也沒關係，成品不會因此瞬間失去力量，尤其你還特別說出了你希望它吸收和記得的能量。記得貼上標籤，這樣才能知道自己在用的是什麼水。

滿月第三眼魔法油

凱特・佛伊樂（Kate Freuler）作

魔法吉時：滿月

媒材：

- $1/2$ 杯基底油，像是荷荷芭油或橄欖油
- 蓋子能關緊的罐子
- 1 小塊紫水晶
- 1 茶匙乾燥艾草
- 1 茶匙乾燥薰衣草
- 1 朵新鮮盛開的花，去莖；任何種類的花都可以
- 有一隻眼睛的小照片或圖畫，依你的喜好選擇。眼睛是古老的象徵，單純畫出其輪廓也能呼喚它的力量

目的：全球各地、古今中外都能見到眼睛的符號，代表著知識、開悟和崇高的靈性智慧。這道魔法油的目的是幫助位於前額中心的第三眼。開啟第三眼能夠提升感知、直覺和靈能力。對應到第三眼的是松果體，位於大腦中心的小小腺體，有著螺旋般的組成，像松果一樣。螺旋是神聖幾何中重要的一種圖形，構成了自然界許多事物。花瓣也以螺旋的樣式排列生長，因此這道魔法油中使用的盛開花朵，反映的就是第三眼的開啟。

作法： 在滿月的晚上，準備好材料，在聖壇或戶外的平臺準備開始工作。感受滿月的能量照亮你的空間（即使物理上無法看到月亮，你還是能感受到它的能量）。把注意力放在眼睛的圖片上片刻，想像它沐浴在明亮、充盈的滿月月光和能量中。在你心中，眼睛和月亮現在結合在一起了。

把紫水晶、藥草和花都放在眼睛的圖片上。想像它們都被從天上灑下的滿月能量，以及底下眼睛的神祕力量浸透。花點時間觀想材料沐浴在這份共享的能量中，看起來可能會像紫光跟白光旋繞著它們，或有個能量泡泡包圍著它們。

把所有材料放進罐子裡，用油蓋過，然後蓋緊蓋子。把罐子拿在前額，並說：

> 我的第三眼開啟如盛放的花
> 我的第三眼揭示不可見如同月亮

把罐子放在眼睛的圖片上三個晚上，讓油充滿藥草跟花朵的精華。

過濾，並把油保存在陰暗乾燥的地方。

要做任何類型的靈能工作時，拿一點魔法油抹在前額，並重複上面的咒語，同時想像第三眼像花盛開。在睡前用魔法油塗抹前額能帶來預知夢；也可以在使用神諭卡、占卜或冥想時使用。

第八章

行星能量

The Planetary Energies

在 文明的搖籃美索不達米亞，古代的占星術士以他們的神命名肉眼可見的七顆星體。受到巴比倫占星學影響的古希臘人，也以他們自己文化中最接近巴比倫和蘇美神祇的諸神，來命名這七顆行星。羅馬人延續了這項傳統，把一個星期中的每一天一一分配給七星。羅曼語系中，太陽系的星體至今仍以羅馬神祇的名字命名；我們也能看見這項傳統因為一週七天被分配了名字而得以被維繫。不過，在英語裡，可以見到許多羅馬神祇的名字被替換成北歐的神明，他們也分享著星體原型力量。這不代表這些神祇都是同樣的神，而是他們在生命中各自掌管的區塊，共享著類似的角色原型。

在英文日曆中，星期二（Tuesday, Tiw's day）是以北歐神提爾（Tyr，古英文是 Tiw）命名的，他是北歐的戰爭之神，跟羅馬的瑪爾斯共享同樣的角色。星期三（Wednesday, Woden's day）則是以沃登（Woden）這位北歐的學習、詩歌和魔法之神命名，羅馬神墨丘利也有跟他一樣的特質。星期四（Thursday, Thor's day）是以北歐神索爾命名，而他跟羅馬神朱比特之間的關聯是最微弱的，但二者都是雷電之神，也是各自神話體系中諸神之王的孩子（朱比特對父親薩頓〔Saturn〕篡位），不過他們之間相似的地方似乎就到這裡。星期五（Friday, Frigg's day）是以北歐女神芙麗嘉命名，她跟羅馬的維納斯一樣，是愛與美還有豐饒的女神。星期六（Saturday, Saturn's day）保留了羅馬名，而星期日（Sunday）跟星期一（Monday）也明顯展現出跟星體的關聯[92]。雖然根據現代天文學定義，太陽跟月亮

---

92 譯者註：Sun's day ＝太陽日；Moon's day ＝月亮日。

不算是行星，但它們在古代占星中被認為是行星，當時「行星」
（planets）指的是在夜空中游走的物體。

✦

透過靈能工作與魔法的觀點來看七星之力

　　理解了一星期中的每一天分別由哪顆行星主掌後，現在讓我
們繼續深入討論每顆行星管轄的事物，還有它們的能量作用。如
此一來，就能更理解行星跟魔法還有靈能力之間的關係。大家想
到行星之力的時候，往往會以其各自的「管轄範圍」來思考，並只
把它們的力量運用在這些地方，而沒有真正理解為什麼。每個行
星對能量都有各自的原型影響力。用非常簡單的比喻來說：把行星
想像成照片的濾鏡。有的濾鏡可以把照片變成黑白二色，有的可
以讓它變成棕褐色，有的可以把它轉換成對比色、有的能讓細節
變得更清晰，有的能帶來模糊的效果等等。你可以對照片使用各
種濾鏡，但有些濾鏡更符合你的目的，也更符合你想透過照片傳
達的事物。你也可以配合使用不同的濾鏡，創造出複合的效果，
讓照片獲得特殊的感覺。同樣地，每顆行星都會以不同的方式改
變能量的性質。你可以在任何魔法目標中加入任何行星能量以得
到各種不同的結果，有些會讓你非常滿意；有些則會毀了你想達成
的目標。

　　我之所以討論這些，是因為理解這點能幫助你明白每個行星
都能用在靈能工作，以及生命中的任何區塊中。例如，很多人在

做金錢魔法的時候，只會請木星唯一一個行星幫忙。但我不會那麼做。木星對能量的作用是「擴張」，但首先你需要有東西才能擴張。所以我會先用金星來招引金錢（金星往往只被用在愛情魔法），然後再用木星進行擴大，因為金星能賦予能量磁性還有吸引的力量。所以，我這裡不會像在《魔法顯化》裡一樣討論每顆行星管轄的區域，而會更聚焦在每顆行星的能量運作。

七星的能量運作兩兩一組，彼此相對而互補：太陽跟月亮、木星跟土星、火星跟金星。水星沒有相對互補的行星能量配對，被視為本身就是相對能量的結合與統攝。在神話中，墨丘利[93]是送行者（psychopomp）與過渡的神，是少數幾位可以在任何領域間自由穿梭，遊走在所有地方和事物之間的存在。

93 譯者註：英文的水星以這為羅馬神命名

太陽

　　古代占星學中，太陽是七大行星之一，而根據現代天文學定義，太陽不再是行星，但當然毫無疑問是一顆星星。太陽的主要能量運作方式是「創造」跟「維繫」。只要觀察太陽跟我們星球之間的關係，就能瞭解它賦予生命的性質。太陽透過光合作用從地裡把植物養大，這是整個食物鏈和生態系的創造與維繫關鍵。因為這樣，人類才能農耕，然後發展出文明和帝國。由於這些能力，還有帶來光與溫暖、安全感與生存的特性，太陽在許多古文化中都跟創造之神聯繫在一起，這點非常容易理解。

　　太陽時常連結到神性，也因而變成我們靈魂許多神聖面向的象徵。我們也知道，太陽系裡的一切，包括我們的星球都圍繞著太陽旋轉，這讓太陽成為太陽系裡最重要的星體。事實上，太陽確實創造了太陽系裡的所有星體。太陽從太陽星雲中出現成為中心，接著一切圍繞著它成形。太陽是太陽系裡唯一能夠自己產出光的天體。因為這些能量運作方式，（占星中的）太陽主掌跟我們自身相關的層面，還有我們想要創造、培植、照亮、療癒、注入生命還有力量的生活。

　　太陽的能量影響：創造與復原；外在的顯化與啟明。

　　太陽能量的運用方式：施展太陽掌管領域相關的魔法時，可以汲取太陽能量來獲得清晰的洞見；也可以運用太陽的力量揭露被隱

藏起來的資訊，執行靈能健康掃描、跟高層力量還有高頻存在連結、跟個人的高我連結，還有接收神聖的引導。

✦

月亮

就像太陽，月亮在現代天文學定義中不再是行星了，但在古代占星中它被視為行星。現在我們知道月亮是顆衛星。月亮主要的能量運作是「律動」和「轉化」。這邊說的「律動」，指的是赫密士主義的「律動法則」，也就是《卡巴萊恩》寫的：「一切流出又流入；一切皆有其潮汐；一切皆有起落；鐘錘的擺動顯現在萬物之中；擺向右方的幅度，正是擺向左方的幅度；律動相輔相成。」[94]由這條定律可以推導出，任何處在特定衡量尺度上的事物，都能被轉化成跟自身相對的事物。月亮完美闡釋了這件事，月相、對地球的潮汐與作物生長的影響，都是其力量的體現。

月亮是行星能量之中最多變的，並且掌管著所有能量。它時而是投射性，時而是接受性的；時而明亮、時而黑暗——在夜空中總是圓缺變化。這樣寬廣的能量守備範圍和多元性，讓月亮成為巫者最愛借用的力量；尤其很多魔法都跟轉化有關，不管是關於我們自己還是生命。月亮折射光的方式，形成彷彿把光帶往內在且具有接受性的錯覺，因此對內在工作和外在的魔法顯化兩方面都有很強大的影響力。內在工作例如靈能力、夢境工作和星靈體

94 匿名，《卡巴萊恩》。

投射，外在工作即是在我們自己或他人生命中帶來顯化。我也認為，一定程度上來說，月亮在不同月相下展現了跟各個行星一樣的能量運作方式。能量上，月亮既可以顯化也能驅逐，可以投射也能接收，可以擴張也能對比……變化無窮。

月亮的能量影響：循環和轉化；走向內在及反思。月亮的能量可以把任何事物轉化成相對的狀態，也能讓事物持續流動循環。

月亮能量的運用方式：月亮能量的經典用途是用在任何跟靈能力有關的工作上；特別是要施展月亮掌管領域的相關魔法時，也能用月亮的能量獲得清晰的洞見。月亮能量用在靈能力方面特別強大，因為它能幫助你看見事物的循環和重複模式，協助你看見它們的走向。

✦
水星

水星主要的能量運作是「交換」和「移動」。水星是太陽系中運動速度最快的行星，反映出它激發、讓事物動起來的能力。水星常常跟溝通有關，也就是人與人之間思想的交流，無論是透過說話、書寫、打字訊息、社交媒體、貼文、電子郵件或手語。水星能量的具體例子還包括旅行，也就是從一個地方移動到另一個地方，不管是搭飛機、火車、汽車、船或者走路。

水星也掌管其他跟交換和移動相關的領域，例如商業交易、電子產業、機械，或者任何牽涉到能量轉移的事物，不管是貨

幣、電力、資訊或其他。跟心靈相關的事物，例如思緒也跟水星有關，因為大腦透過電子訊號的流動來產生思考，就像運作基礎是資訊流動的電子設備一樣。

水星的影響非常幽微而具有說服力，不像火星那樣直接而強硬。金星傳統上被視為具有接受性，屬於陰性，火星則被視為具有強硬特質，屬於陽性，而水星被視為這兩者的結合，是陰陽同體的中間地帶。水星把投射與接受連結到創造與聯繫。

水星的能量影響：移動與連結。水星能量可以讓事物加速，也可以把不同事物連結、統合在一起。它可以用更為隱密、低調的方式為事件帶來幽微的影響。

水星能量的運用方式：施展水星掌管領域相關魔法時，可以借用水星能量來獲得清晰的洞見。水星能量用在任何類型的靈能溝通都非常適合，不管是心電感應、通靈或接收訊息。

✦

金星

金星的主要能量運作方式是「吸引」與「接收」。這是一股吸引事物的魔力——在這層意義下，金星具有磁性，能把事物拉向自己、接收它們。金星能量可以令人非常愉悅，而且通常帶有視覺上的美感和讓人感覺愉快的一切。可以用這句老話來總結金星的力量：「用蜂蜜補捉蒼蠅比用醋來得容易」。能量上，可以把金星想成魔笛手，呼喚著、等待著。它讓事物來到身邊，而不是

主動走向它們。那來到金星身邊的事物會怎麼樣呢？它們前來崇拜（venerate）它——「venerate」這個英文字就是源於金星本身——是一股吸引、創造、給予的接受性能量。

即便金星常常帶有單一面向的名聲——包裹在浪漫跟愛情裡的女性美——但真正重要的是這份能量的運用方式，而不是它的本質。金星能量可以用在好或壞的目的上。賽蓮女妖唱出絕美的歌，唯一的目的就是讓水手跳下船溺死；鮟鱇魚吸引伴侶到身邊，讓對方慢慢融進自己的體內；螳螂也會咬下自己伴侶的頭部。不是所有誘人的事物都是好的，而金星能教導我們這一點。金星可以為了愛、創造或為了結合展開誘惑——會為了自己的特殊意圖。它帶有龐大的魅惑力，正面或負面的意義都包含其中；金星教導我們，這些能量總是會帶來創造，同時也能帶來毀滅。重點在於，是哪種形式的結合？結合，也可能在某人的消化系統中發生。不要忘記肉食性的金星捕蟲草名字取得非常好。

金星的能量影響：磁性、接受性，像磁鐵一樣把所有事物吸引到自己身邊。

金星能量的使用方式：施展金星主掌領域相關魔法時，可以運用金星的能量獲得清晰的洞見；也可以汲取金星能量來提升自己靈能感官的接收性，或用來招引特定的心靈訊息。

✦ 火星

　　火星的主要能量運作是力量的「投射」和「方向」——有著純粹意志力支撐的強硬能量，幾乎可說是金星能量的相反。火星主動進取，有時因此變成無益的躁進，總是一頭熱栽進行動。純粹的趨利、意志力還有主導權；在所有意義下的欲望；任何形式的渴望；個人野心的具體化身：火星只看見想要的事物且勇往直前。火星就像一座持續噴發熔岩的火山，會摧殘任何阻擋在前方的事物，在得到勝利之前永不停息。金星是種引誘，而火星會直接上門。主動、充滿動能又衝動，這就是火星的能量——肯定、強硬又充滿生命動力、無所畏懼。

　　因為這些原因，人們常常在衝突中呼喚請求火星提供防禦跟保護，或者發出能量攻擊。

　　然而衝突也不是只有單一面向。人們時常遺忘，瑪爾斯也是花園和生長的神——不斷堅持向前推進的那份驅力，對成長來說是必須的。火星跟金星非常相似，其作用也有許多面向，包括能推進生產、顯化、想法的實現，以及對療癒與轉化來說必須的毀滅。

　　火星的能量影響：動能與力量，像射向標的的箭一樣推進、投射出去。

　　火星能量的運用方式：施展火星掌管領域相關魔法時，可以借用火星的能量來獲得清晰的洞見。火星可以用來擊破阻礙靈能力的事物，幫助你獲得你所尋找卻難以獲得的資訊。

木星

　　木星的主要能量運作是「擴張」、「提升」和「增加」。木星代表了一個存在能抵達的最高地位，不僅僅是君王或神的位置，更是眾神的統治者原則。木星的能量是對一切事物的提升，不僅僅是一個人的地位；不管是讓人的情緒高漲、「歡樂」（jovial），或是神話意義上的加冕君王、賦予神格，都是木星的權能。木星的能量聚焦在人類心智和靈魂的提升，因此掌管著宗教、靈性和哲學。如同國王渴望拓展自己的王國，木星能量也總是尋求更進一步的擴張，並專注在大局，不迷失在細節裡。

　　不管是在好運或金錢方面的福氣，或生命中的其他領域，木星都是一股增生與豐盛的能量。不過豐盛的能量也可能是負面的。豐盛代表有著大量的某種事物（這也是為什麼在沒有清楚表明「豐盛」的定義前，就施法或顯化並不是明智之舉）。木星能量能增幅任何正面的事物，對於負面的也會造成同樣的效果。木星能量尋求的是打破限制和阻礙。然而，如果沒有適當調整，木星能量可能帶來過度延展、消耗殆盡的結果。有著擴張本質的木星能量可能會導致事物被拉伸得太細太長，因此失去彈性。

　　木星的能量影響：提升與增加。木星是一股增幅與帶來榮華富貴的能量。

木星能量運用方式：執行木星主掌領域相關魔法時，可以借用木星的力量來獲得清晰的洞見。在靈能工作中，木星能幫助你看見大局，並擴大你的靈能感知。

✦

土星

土星的主要能量原型是「限制」、「結構」和「衰退」。木星是擴張、提升、宏觀的能量，土星有著關於緊縮、消退和細節的能量。也就是說，土星關注的是森林中一棵一棵的樹。土星是「大功業」中的第一階；在煉金術中，象徵土星的是最劣質的金屬，還有鍛燒跟火化的過程。「煅燒」（calcination）一詞源於中古拉丁語的「calcināre」，表示「燒到只剩生石灰（calx）」[95]。生石灰是金屬經過火焰煅燒之後，剩下的粉末狀氧化殘留物。我們可以把靈魂上的煅燒過程稱為自我的死亡，亦即燒去精神上不純淨的部分。這裡「不純淨的部分」，指的是對個人自我過度執著，使我們偏離自身的純粹靈性本質與真實意志。換句話說，這裡指的是辨認出限制我們靈性開悟的事物，然後發覺這些往往只是虛假的信念、想法和認知，而且是源於我們對生命社會的反應。只要汲取內在的靈性真火，我們就能象徵性地燒去這些自我限制；而這就是鳳凰在浴火重生之前，先經歷死亡、化為灰燼的過程。這個過程時常教導

---

95 http://www.etmyonline.com/word/calcify#etymoline_v_27603.

我們謙卑，也時常讓我們面對最殘酷的真實。榮格把這個過程稱為「陰影工作」（shadow work）。陰影工作需要很大量的自律，而紀律就是為了實現意志，限制自己的欲望。陰影工作也需要能夠非常誠實地評量自己，而不只是看見我們想看見或相信的樣貌。

土星的能量影響：限制與結構。土星是一股調整細節和消滅的能量。

土星能量運用方式：執行土星主掌領域相關魔法時，可以借用土星的力量來獲得清晰的洞見。靈能工作中，土星能幫助你摧毀幻象與迷惑並揭露真實。進行任何死亡相關的工作，例如死靈術、通靈與祖先工作時，也可以呼喚土星的幫助。魔法上，土星主掌限制，為自身或他人創造藩籬或柵欄這層意義下的限制。這種圍欄可以是靈能或魔法的防禦，或者以惡咒、詛咒等形式施加在他人身上。土星幫助我們看見限制我們的事物，並教導我們或許不想要學但為了靈性上的進步必須學習的課程。可以使用土星提升自己的紀律；紀律是掌握自己人生的第一步，也是學習的第一步；也可以運用土星來聚焦在細節和精微之處。所有學習都跟面對和處理問題或課題有關，不管是靈性上或日常生活中的學習。土星也可以用來重新組織生命中的事物，所有的組織都需要規則、計畫、紀律和界限。

✦

行星之時

　　決定魔法吉時還有一種方式，那就是「行星之時」（planetary hours）。一天中的每個小時分別由七星主管，是條非常古老的魔法信條。這表示，一天當中的每個小時各自有著確切的能量，並且能夠歸納到行星之力中；這也代表，每個小時都有著不同的行星能量，可以根據行星掌管的事物選擇施法的時間，強化咒術的效果。行星之時在魔法中的應用，最遠可以追溯到古希臘；它的根源可能是古埃及文明，因為古埃及文明中一天二十四小時分別由不同的神祇掌管[96]。

　　文藝復興時期，日晷開始被時鐘汰換，後者以每小時六十分鐘來分配行星的主掌，在魔法師之間蔚為風潮[97]。以萊德・偉特・史密斯塔羅聞名的儀式魔法師亞瑟・偉特（Arthur Waite）甚至偏好這種分配法：比起《索羅門之鑰》和其他魔典中更古老、更傳統，需要依照日出日落時間計算行星之時的方式，他更喜歡人工定義的六十進位制分配[98]。我並不同意偉特的作法，因為我覺得根據日出日落時間的占星學計算，更加精準也更加有力。偉特似乎誤以為古代世界中的「小時」不是完美的六十進位，而是把日出到日落的時間除以十二來計算的；而日出到日落的時間，則是由太陽在

---

96 杜奎特等人，《儀式魔法全書》。
97 Pepper, *Witches All*, 26-27.
98 Waite, *The Book of Black Magic*.

日晷上投射出的影子計算出來。雖然偉特的方法比較簡單，但身為巫者，我們要試著跟自然的循環和力量同步。再說，我們透過流年之輪（Wheel of the Year）可以知道一年中晝夜時長會不斷變化；如果加入日光節約時間、時區、地區等等人造概念，使用午夜到午夜作為一天的時鐘系統來決定魔法吉時的這種方法，會顯得很不精確又站不住腳。

日間行星之時

小時	星期日	星期一	星期二	星期三	星期四	星期五	星期六
1	☼	☾	♂	☿	♃	♀	♄
2	♀	♄	☼	☾	♂	☿	♃
3	☿	♃	♀	♄	☼	☾	♂
4	☾	♂	☿	♃	♀	♄	☼
5	♄	☼	☾	♂	☿	♃	♀
6	♃	♀	♄	☼	☾	♂	☿
7	♂	☿	♃	♀	♄	☼	☾
8	☼	☾	♂	☿	♃	♀	♄
9	♀	♄	☼	☾	♂	☿	♃
10	☿	♃	♀	♄	☼	☾	♂
11	☾	♂	☿	♃	♀	♄	☼
12	♄	☼	☾	♂	☿	♃	♀

夜間行星之時

小時	星期日	星期一	星期二	星期三	星期四	星期五	星期六
1	♃	♀	♄	☼	☾	♂	☿
2	♂	☿	♃	♀	♄	☼	☾
3	☼	☾	♂	☿	♃	♀	♄
4	♀	♄	☼	☾	♂	☿	♃
5	☿	♃	♀	♄	☼	☾	♂
6	☾	♂	☿	♃	♀	♄	☼
7	♄	☼	☾	♂	☿	♃	♀
8	♃	♀	♄	☼	☾	♂	☿
9	♂	☿	♃	♀	♄	☼	☾
10	☼	☾	♂	☿	♃	♀	♄
11	♀	♄	☼	☾	♂	☿	♃
12	☿	♃	♀	♄	☼	☾	♂

行星之時的計算方式是這樣的：找出你居住地日出跟日落的時間（大多數報紙或天氣預報網站都有這些資訊），然後把它們分為十二等分，得出十二個小時。行星之時依照加爾底亞行星順序排列，從當天的主掌行星開始計算。現在有很多 APP 能透過 GPS 定位你的所在地，並用這份資訊計算出一整天的行星之時。我認識的大多數巫師如今都使用這些 APP，因為能夠省去計算又節省時間。

行星之日

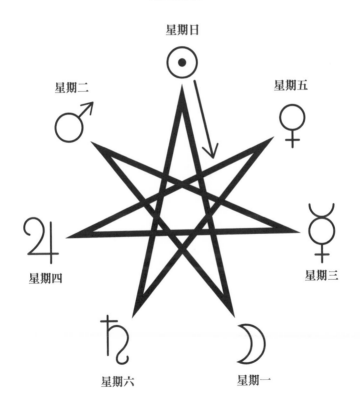

有個行星之時的簡單記憶法，那就是畫一個七芒星；在七芒星的頂點畫上一星期第一天的主掌行星，也就是星期日跟它的主掌行星太陽。接著順著七芒星的方向來到右下角，把一週每一天跟它們的主掌行星都安排在對應的角。完成之後，每日的行星之時會從太陽開始（星期天），以順時針方向經過七芒星每一個尖角。因為有十二個小時，但只有七個點，圓圈會從第七個小時的火星，回到第八個小時的太陽，並繼續下去，直到來到當天第十二個小時的土星。夜晚的行星之時從這裡繼續，土星之後繼續移動到木星，並在第十二個小時抵達水星。夜晚的十二個小時結束之後，循環在隔天日出時重新開始計算，第一個小時跟當日的主掌星相同（例如，星期一主掌行星是月亮，第一個小時也是月亮時）。

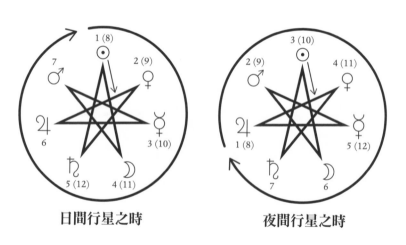

日間行星之時　　　　　　　　夜間行星之時

透過雙魚座的幫助得到靈能指導與靈視

杜爾加達斯・艾隆・度里爾（Durgadas Allon Duriel）作

魔法吉時：在月亮處在雙魚座、天蠍座或巨蟹座的星期一（月亮日），或占星中水能量增幅的時候進行（例如，月亮跟雙魚座傳統的主星木星合相〔conjunct〕的時候），這道咒法能達到最佳的效果。

媒材：

- 1張黑紙
- 靛藍色或深紫色的麥克筆
- 1支白色、靛藍色或紫色的蠟燭（在燭光下進行）

目的：這個咒法會用到雙魚座的召喚五芒星。在高頻的狀態下，雙魚座對應到靈視、靈性，以及意識的其他層面。有意識地把自身頻率跟雙魚座同步，能幫助我們開啟靈能感官，並接收來自高我或其他善良的高層存在的指引和異象。有時候訊息或靈視已經到門口了，但我們需要在能量上被推一把以暢通感知的管道，才能順利接收；也可能是需要進入接收訊息的狀態，或練習憑意志開啟靈能力。這道咒術能為開啟靈能力的過程帶來幫助。

作法：經過一段時間後，可以省略這道咒術畫符文的部分。但一開始把它畫出來，有助於符文思念體在我們心中

的發展。符文思念體在心中變得清晰可見之後，就不需要重複畫符文了（在這之前，符文紙也可以重複使用，這麼做還能累積能量）。

　　首先，執行任何類型的接地、回到中心、驅逐和護盾儀式。清理靈性空間之餘，也需要驅逐任何會混淆、遮蔽你靈視的影響，這點非常重要。

　　接著，在桌子前坐好，用靛藍色的筆在紙上畫出雙魚座召喚五芒星（如圖）。靛藍色也是對應第三眼的顏色，而且據說靛藍色的頻率有助於開啟或啟動第三眼。

　　畫好符文之後，把準備好要問的問題寫在紙上，然後放在符文下方。試著盡可能用精簡清晰的句子表達。如果目的偏向獲得廣義的訊息或靈視，盡可能精確描述相關的情況。

接著，進入半入神的狀態，凝視符文至少三十秒。努力嘗試感受來自符文的能量。閉上雙眼，在你的眉心（第三眼的所在位置）觀想符文，觀想雙魚座召喚五芒星被一個溫暖的金色光球包圍。同時朗誦以下咒語三次，讓你的聲音漸漸變弱，直到最後幾乎聽不見，一邊想像體內的符文發出越來越亮的光芒。

靈視的符號、靈視的符號，就在今夜，賜我引導。

然後讓觀想漸漸消退，並在舒適的冥想姿勢下靜靜等待回應的到來。盡力不要給自己壓力，期待回應用某種特殊形式出現。單純地讓心靈空白，保持在半入神狀態，允許畫面自己出現。如果感到困難，可以做出要求，請圖像以你熟悉的形式來到你面前，例如一張塔羅牌。（我曾經在引導式冥想中這麼做過，結果出現了一張牌。後來，那天我在物理世界中用卡牌占卜的時候，也抽到了同一張牌！）

感覺完整接收了圖像心流之後（圖像的內容比鮮明程度更加重要），張開眼睛，寫下你所看見的。先不要評論或分析，單純把一切寫下來。捕捉完之後，開始反思其中的涵義。最後用你平常咒術結束後使用的方式清理空間，並回到日常的意識狀態。

✦

黃道星座能量與三態變化

　　共有十二個黃道星座，每個星座都對應著以不同方式或者型態呈現出來的四元素。星座中的元素三態分別是：本位、變動與固定。每種型態都展現出了元素不同的狀態。火象星座共有三個，分別是牡羊座、獅子座跟射手座。水象星座有巨蟹座、天蠍座跟雙魚座。接著，風象星座有天秤座、水瓶座跟雙子座。最後是摩羯座、金牛座跟處女座三個土象星座。四組星座中，每個星座依序分別代表了元素的基本、固定跟變動型態。本位星座包含牡羊座（火）、巨蟹座（水）、天秤座（風）和摩羯座（地）；金牛座（地）、獅子座（火）、天蠍座（水）和水瓶座（風）是固定星座；而雙子座（風）、處女座（地）、射手座（火）和雙魚座（水）是變動星座。

　　從星座到星座，黃道依序以火、地、風、水四元素輪流變化。同樣地，從星座到星座，黃道也在三態之間變換。因此，開啟了黃道循環的牡羊座是火象本位星座。牡羊座之後是金牛座，是土象固定星座。然後是雙子座，風象變動星座。跟在雙子座後面的是水象的巨蟹座，三態循環重啟，因此回到本位狀態。這樣的循環模式不斷重複，直到所有星座都以四元素的三態表現出來。

　　很多巫者都採用稱為流年之輪的概念，其中標誌了八個巫魔會宴（sabbats）[99]。巫魔宴是慶祝太陽和大地循環的魔法節日。冬

---

99 譯者註：或稱為八聖節

至和夏至、秋分和春分標誌了四個小巫魔宴，這四個節日發生在四個主要星座的開端。四個大巫魔宴的時間落在兩小巫魔宴之間的中點，並發生在固定星座之下。

✦

本位星座能量

「本位」（cardinal）這個字的字根是拉丁文，意義是「鉸鏈」[100]，像是門上的鉸鏈，讓門能夠開闔。因此四個本位星座就像道門，領進季節的開端，一如流年之輪中的春秋分、夏冬至四個小巫魔宴。正是在這四個點，流年從一個季節輪轉到下一個季節。跟上弦月類似，本位星座也是能量潮流開始成形的時刻。也可以把本位星座比喻成希臘命運三女神中的克洛托，她是紡織者，把生命的絲線編織成形。本位星座的符號是一個沒有底線的三角形，中間有個代表靈魂的點。這個符號代表靈的建築與聚焦。本位能量對應到低我。

---

100 http://www.etmyonline.com/word/cardinal#etymoline_v_33702.

固定星座能量

接下來是四個固定星座，標誌了季節的高潮。大巫魔宴落在固定星座期間。固定星座的能量平穩、安定，屬性影響力也是如此，都處在力量的巔峰。這很可能就是朵琳‧瓦利安特把它們稱為大巫魔宴的原因：這不代表它們比小巫魔宴更好、更重要，而是指它們在占星上，處在黃道元素能量的高點。跟滿月類似，固定星座的能量穩定、處在頂點，不再增長也不再消退。

我們可以把它比喻成希臘命運三女神中的拉刻西斯，她是分配者，穩定地緊握著生命飽滿的絲線。固定能量的符號是方形中有一條線。跟先前討論過的一樣，方形是平衡和穩定的象徵，以平等、靜止的方式保存能量。方形中的線條代表平衡，再次強調能量以等量、平衡、穩定的方式分配。固定的能量也對應到中我。

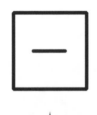

變動星座能量

最後是四個變動星座，它們不是流年之輪的一部分。「變動」表示了變化，標誌了季節的結束，以及往下一個季節的過渡。

這些星座本質上都非常具有閾限性，處在從一件事物轉化成下一件事物的過程中。類似下弦月，變動的能量是從圓滿的力量走下坡，將在新月得到轉化，並開始一輪新的循環。我們也可以把它比喻成希臘命運三女神裡的阿特羅波斯，是剪斷生命絲線、帶來終結的命運。不過死亡不是結束，而是從一個狀態到下一個狀態的過渡。變動能量的符號是靈魂的半圓形，下面有一個代表靈魂的點。不像本位符號一樣充滿動能、向外聚焦，彎月一般的半圓描繪出向內集中的能量，以及有韌性的柔軟。變動能量對應到到高我。

本位：創造、行動、生長

固定：穩定、平衡、巔峰

變動：調整變化、轉化、完成

每個星座都有主掌的行星。在古典占星和魔法中，只使用太陽系裡最先被認識的七個行星還有發光體。後來，天王星、海王星跟冥王星被發現之後，取代了部分星座的主掌行星，成為了新的主掌。這三顆外圍行星被認為有比原先星座的主掌行星高了八度的頻率。海王星是高了八度的木星，天王星是高了八度的土星，而冥王星是高了八度的火星。在原本的行星主掌下，太陽跟月亮各自只掌管一個星座，而剩下的每個行星各掌管兩個星座。現代占星術中，除了火星、金星和水星仍掌管兩個星座，剩下的

每個行星只主管一個星座。就我個人而言,執行魔法的時候我喜歡依循傳統的古典七星。我非常鼓勵你繼續研究三顆外圍行星,熟悉它們的能量,並在魔法中實驗運用,再決定你比較喜歡哪個系統。我在魔法上偏好七星系統的理由(不過在占星術上,我承認外圍行星的影響),不是因為我覺得七星分配上比較對稱平衡,而是因為這套系統比較符合我的宇宙觀。

就像我在《魔法顯化》中討論過的,七星之力是星靈界的能量,而元素之力屬於乙太界能量,也就是宇宙組織結構所呈現出來的基礎能量,這些能量讓可見或不可見的事物一一成形。因此,黃道十二宮是四元素跟七星的結合。我喜歡這樣思考黃道十二宮:它們原本是七道星體能量(七星的能量),後來透過四元素的四個渠道表現出來,創造出了獨特的能量結構,於是帶來不同的影響也具有不同的潛力,讓事物能在物理世界成形、發生。我把行星的主掌權視為星靈體能量,蘊含在元素的乙太能量構成模組中。而三態表現了行星和元素屬相的作用,展現出能量的增長、虧缺或盈滿。

關於黃道的能量,占星術或許是最受到討論的神祕學主題了。書本和網路上充滿星座所掌管領域的相關資料,還有非常大量的關鍵字列表,查找起來可說是毫不費力。若你的目的是用在魔法或提升靈能力,我建議對個別星座進行冥想,沉思該星座的元素、主掌行星、型態,還有這些要素結合起來會產生什麼樣的獨特能量口味。不管當下哪顆行星處在星座中,只要跟星座的力量、符號及能量連結,就能運用它們的能量。不過,透過觀察哪

顆行星目前進入了哪個星座中，可以發掘能供你使用的潛在能量渠道，幫助你強化咒法、提升實現的速度。

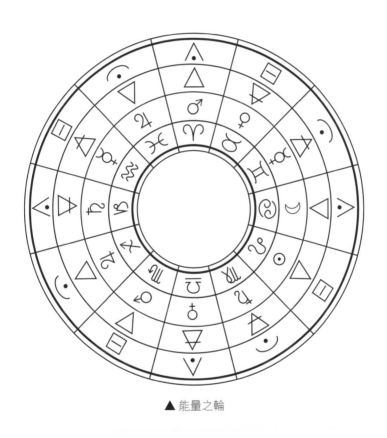

▲ 能量之輪

金鳳花襪靈視護符

「Dr. 巴克」傑克・李察斯（"Dr. Buck" Jack Richards）作

魔法吉時：月亮處在牡羊座是最佳製作時機

媒材：

- 金鳳花（Buttercup flowers），使用者幾歲就使用幾朵
- 新鹽
- 用銀幣購買的菸草
- 左腳舊襪子腳跟的部分，剪成圓形
- 針和紅線

目的：在美國阿帕拉契區域和大南部，流傳著這樣的信仰：以特定方式出生的人，例如眼睛上有薄膜、生出來是「青色」的、在午夜出生，或甚至在特殊的子像萬聖節或聖誕節出生，會擁有特別的力量。傳說這些特別的人有著上帝和神靈贈與的禮物，能夠看見另一個世界的事物並與之對話。在過去，生產時發生這些事常常會造成生命危險，所以父母親會特別注意。因為這些人為了被生下來，經歷了「死亡和生命的虎口」（jaws of death and jaws of life），他們能夠在世界的帷幕之間穿梭，就像在掛滿被單的兩條晾衣繩中間行走，可以瞥見兩旁的事物。然而，這是出生時獲得的贈禮，訓練不出來；據說這些天賦會在孩童還小的時候，或長大之後展現出來。這樣的天賦有突然出現的傾向，還有著讓人瘋狂的

力量。是真的讓人瘋掉那種。

　　我不是在說正規診斷出來的心理疾病，單純就是靈視力的外在表現；不過因為醫療科技的進步，上述的情況不再那麼被留意，醫生也不會通知父母。所以有很多路人其實出生的時候頭上有胎膜、臉色青紫、臀位出生或腳先出來，但對自己可能有靈視的潛力渾然不知。靈視開始展現的時候，可能的情況包括：隨機看到一些關於你熟悉或不熟的人或地方的畫面；事情發生之前就先夢到；看見已經過世的人或動物，但在他們走進牆裡或消失之前，你都不知道他們已經死了。一開始最常見的徵兆，是在眼角餘光瞄到黑影，就像彈指之間閃現的景象。擁有靈視力就像多了一雙需要眼鏡的眼睛。沒有人可以教你怎麼「看」，但你可以將這個護符當作「眼鏡」，以自己的步調去「看」。

作法：把還沒洗過的舊襪子腳跟的部分剪下。在布料的中心放上金鳳花、只為了這個咒法新買的鹽、只用銀色錢幣（例如美元 25 分和 10 分硬幣）購買的菸草。往遠離你的方向折一次，形成像眼睛形狀的橢圓小包，然後用紅線把開口縫上，同時禱告靈視順利開發，最後在小包的正面中心位置繡上一個十字。在眼睛形小包的一角用線綁出一個圈，這樣之後就能穿繩當項鍊戴著。盡量靠近肌膚戴著這個護符，並不要讓任何人觸摸，也不要接觸到地面。每週一

次，用威士忌和嬰兒爽身粉塗抹；每次月亮進入牡羊座的時候也要那麼做。

✦

全部結合在一起

有時候魔法不能等。雖然事先規劃咒術、定期施魔法，可以幫助你避免需要緊急施咒的情況，但有時候意外會發生，不可避免，人生嘛！

這邊提供的魔法擇日法，不是為了讓你太執著於最佳吉時，或讓你覺得如果時機不好就不能施魔法。魔法的執行很少完全用上所有的擇日方法。

請把魔法擇日想成你可以取用能量的眾多選項，目的是幫助你提升咒法的力量。這讓你最少能夠汲取一種能量來加強咒力。舉個例子，如果你的咒術意念是帶來緊急需要的錢，但沒有一項外在條件跟這個目的一致：一星期中的日子不對、錯過了適合的行星之時、月相不對、黃道上也完全沒有符合的項目。不過，現在是春天，而且還是早上。完美！你找到對應目標的時間了。

規劃、安排良辰吉時施法雖然能讓咒術更強大，但你的施法時間不需要百分百完美。同樣道理，在「錯誤的時間」施咒總比什麼都不做來得好。也就是說，你可以運用任何魔法時刻，差別只在你選擇的時間有多精準、範圍有多廣而已。你可以簡單地在咒語中宣

告要使用某個魔法吉時的能量，用這樣的方式來汲取它的力量。這邊有個例子，其中使用了不同類型的所有魔法吉時；神聖空間就定位後，我在實際開始施法前，常常會做出類似這樣的宣告：

在這個木星之日、木星的神聖之時；在這個金牛座的上弦月、在春天；太陽升上天空的此刻，是我執行魔法的時刻。

當然，不可能每個咒法都運用魔法吉時的每個面向，而是只用符合目標的部分。所以，如果只有太陽的位置符合，我會說：

當太陽在正午處在巔峰……

✦

羅莉・卡波和西碧兒・里克的智慧

羅莉・卡波在跟著名的英國女巫西碧兒・里克透過書信認識後，持續有過一段時間的通信。在這些信件中，西碧兒指導了羅莉，給了她身為女巫公眾人物的建議，在當時，公開女巫的身分跟今天不同，一點也不平常。她給羅莉的其中一條建議，就是在祈願書的背面寫下這些話：

「這個咒術不會以任何方式逆轉，或為我帶來任何咒詛。」[101]
早在我認識羅莉之前，當我還在讀著希薇爾・雷文沃夫的書學魔法

---

101 L. Cabot, P. Cabot, C. Penczak, *Laurie Cabot's Book of Shadows.*

時，她也會在咒語的結尾加上這句宣言：「願此咒不會逆反或對我降下任何詛咒。願我的魔法中所有占星相位都正確。」[102] 希薇爾表示，提到占星相位的最後一句來自羅莉，而前一句屬於西碧兒·里克。卡波巫術傳統中，「正確」與「不正確」（correct and incorrect）兩個詞彙有著特別的意義[103]。

根本上來說，任何正確的事物，指的是有益的能量和力量；而任何不正確的事物，指的則是無益、會造成傷害的能量和力量。這是為了避免使用「正面」和「負面」（positive and negative）能量這樣的詞彙，同時避免在這些詞彙上加入道德判斷，因為它們在能量上被單純視為彼此互補的兩極，而不必然是「好」或「壞」。這句關於行星相位正確的宣告，涉及到的是會帶來不好影響的星象；它的核心意義是化解任何星象上會阻礙魔法或跟它發生衝突的情況。我大多數的時間都在咒語的結尾使用希薇爾的宣告，效果非常好；但隨著時間流逝，我稍為做了改變：

願此咒術不逆轉
不帶詛咒不糾纏
願星象天文都正確
令我咒術快實現

---

102 RavenWolf, *To Ride a Silver Broomstick*.
103 L. Cabot, P. Cabot, C. Penczak, *Laurie Cabot's Book of Shadows*.

結論

Conclusion

在這本書的開頭，我分享了自己最個人、最私密的故事之一，目的不是為了讓人同情或感到難過。我不認為那是個悲傷的故事，剛好相反，那是我生命中獲得最大勝利的時刻。巫術給了我希望。當我沒有那麼一丁點影響力，也沒有任何自己的力量時，它在那最黑暗的時刻讓我澈底改變了生命。至到今天，巫術還是帶給我這樣的力量。那不是第一個悲劇性的經驗，也不是最後一個。不過有了魔法，我發展出了強大的工具，不僅能夠解決人生的難題，還能改變我的處境。我希望你也能有這份禮物。

不管你是誰，都能夠用魔法改變自己的人生。我們都有自己的故事、磨難和波折。你不需要經歷創傷或虐待才能得到魔法的力量；魔法一直都在我們心中、在我們身邊，唯一需要的是承認它、連結它的能力。每一個人都有使用靈能力跟魔法的能力。我不是特例。不管這是你讀的第一本巫術相關書籍，還是你已經實踐了五十年的魔法都不重要。更重要的是，魔法可以讓你變得更好，而這樣的轉變會透過蝴蝶效應，進而改變世界整體。我們都有自己的故事；魔法可以幫助我們書寫故事接下來的篇章。

我強烈鼓勵你試驗這本書中的想法跟技巧，並時時修改調整，讓它們更個人，更能反映你自己的靈性道路。我也非常鼓勵你在內在神殿中執行書中的咒術。

經常在內在和外在世界施法，會讓你的魔法大大提升。我也建議有機會的時候重複閱讀這本書。第二次或第三次閱讀時，有些語句可能會給你不同的理解。別忘了，這是你的旅程。也別忘了好好照顧自己。最後，我附上了三個來自我朋友的配方，當作

我們一起走過這段路的餞別禮。這三道配方——一方藥浴、一道茶、一方夢境薰香——會幫助你放鬆、抒緩神經，最重要的是以自我照顧的形式為你帶來支持。

練習61

靈魂之旅儀式浴

茱麗葉‧狄亞茲（Juliet Diaz）作

魔法吉時：任何新月，晚間最佳

媒材：

- 4枝迷迭香
- 1大匙螺旋藻
- $1/2$杯活性碳
- 1杯瀉鹽
- 1整顆切片的石榴
- 1整顆切片的血橙
- 1把白玫瑰花瓣
- 白蠟燭（可省略）

目的：在這缸藥浴中縱情享受吧！它不只能清潔你的能量，還能讓你的整個存在泛起記憶的漣漪，讓古老的智慧浮現。我最少每三個月會泡一次這個藥浴，尤其是在充滿不確定的時刻。這方靈魂之旅藥浴的目的，是幫助你連結

內在的高層力量，也就是能為你的疑問揭示真實的那股力量。經年累月，你會學會信任，心裡也會更踏實，因為大靈在目光穿透的深邃之中與你同行。

作法： 首先準備藥浴；溫暖到微熱的水效果最好。加入媒材之前，站或跪在浴缸邊，感謝水之靈的到來。安靜片刻，跟流水聲連結，允許水聲讓波浪般的能量充滿你。準備好後，專注地把每樣媒材一一放進浴缸裡，同時也感謝它們。

我喜歡點上一根白色蠟燭，讓火之靈也能參與進來，這麼做能讓我有更深的洞見，不過這個步驟不是必須的。

踏進浴缸，全身泡進水中再稍微起身；或者可以用杯子把水淋在頭上。閉上眼睛，做三個深呼吸，然後開始想像水散發著明亮的藍色光芒，簇擁著你全身的每一處。再做三個深呼吸，吸氣時，讓光進入你的身體，從頭到腳充滿你。

低聲說出「揭示隱蔽，深入靈視，深入真實」七次，並想像你的眉毛上方、額頭中心有一股金色的光芒，往內散發充滿大腦。

當你感受到細微的振動或酥麻感，就是問問題或說出你心中煩惱的時候了。在心裡提問，然後安靜下來。在水中放鬆，保持雙眼閉上。讓旅程自己奔湧。最後記得別讓媒材跟水流進排水管，可以用你想要的方式處理它們。

靈能午茶魔藥

帕米塔夫人（Madame Pamita）作

魔法吉時：可以在任何時刻執行，不過月亮在雙魚座或巨蟹座的時候效果特別強。

媒材：

- 水
- 熱水壺
- 茶壺（可省略）
- 茶杯
- 泡茶器或濾茶器
- 任選以下藥草：
  - 烘焙過的蒲公英根（*Taraxacum offcinale* 或 *Taraxacum erythrospermum*）
  - 茴香籽（*Pimpinella anisum*）
  - 蜀葵根（*Althea officinalis*）
  - 八角（*Illicium verum*）
  - 蜂蜜（可省略）

目的：就算是最爐火純青的靈能巫師有時也會感到自己的直覺渠道發生阻塞。這樣的情況發生時，有的人會冥想，有的人會到自然中走走，有時甚至小睡片刻便能重啟能力；我們也可以請植物朋友幫忙，幫助我們清晰地接收訊息並強化直覺。

我之所以喜歡泡這道靈能香草茶的理由很多。第一，沖茶這個行為本身就是一種儀式，可以帶來舒適感、平靜和專注——這一切都有助於開啟靈能渠道。茶本身也充滿了魔法，喝下受祝福的茶時，我們根本上就是在把祝福灌注在身體的細胞組織裡。第三，茶就是魔藥！還有什麼比這更女巫的嗎？（如果你想對茶詠唱「泡泡、泡泡，苦勞和煩惱」〔Bubble, bubble, toil and trouble〕，我不會阻止你的！）

　　這道茶配方中的每一種藥草都有自己獨特的魔法印記。蒲公英對開啟靈視還有預知夢特別有效。茴香籽能幫助靈聽，讓神聖的訊息變得清晰無比。蜀葵根提升靈觸，讓你對自己深層的身體直覺更有自信，而且對通靈或跟神靈打交道特別有幫助。八角能啟動第三眼，為靈能工作帶來清晰、專注，並提升對靈性真相的覺察。（確定你用的是八角〔Illicium verum〕而不是日本莽草〔Ilicium anisatum〕，因為後者有毒。）

　　從值得信賴的來源購買這些藥草，能確保你拿到的是品質良好的食用級產品，例如在食物商店、健康食品店購買。換句話說，我不建議你拔高速公路路邊的蒲公英，因為它們可能被灑滿了有毒化學物質。而儘管這裡所有的藥草都被認為能夠安全內服，在飲用之前最好還是做點研究，確認它們不會對你產生副作用。

　　如果你剛開始發展靈能力，可以試試看把全部的藥草

都加入配方，來為你的靈能力推上一把。如果你已經進行靈能工作有一段時間了，就可以只喝針對你目前問題的藥草。

你也可以一次只喝一種藥草，實驗看看它們對你的靈能感官各自有什麼影響。

最後，這道茶我最喜歡的使用方式，是在占卜聚會的時候請大家喝。下次舉辦塔羅派對或通靈板降靈會的時候，可以沖上一壺，看看會不會為你帶來更多突破，還有直覺「原來如此」的瞬間。

作法：把新鮮的泉水倒進熱水壺裡（可以用瓶裝水）煮開。藥草放入茶壺或沖茶器裡，然後在茶壺或杯中加入滾水。注入熱水時，請藥草幫助你，並用充滿愛和相信的語氣說以下的話語。可以用你自己的話說，或使用這個簡單的咒語：

> 蒲公英，讓我看見真實
> 茴香籽，讓我聽見真實
> 蜀葵，讓我感覺到真實
> 八角，讓我知道真實

閉上眼睛，把手伸出來放在杯子或茶壺上的蒸氣中，集中精神想著咒法的意念。茶泡了幾分鐘之後，魔藥就完成了。把茶從茶壺倒出，過濾，倒入杯中，或從茶杯拿出濾茶器。等待藥草茶稍微冷卻引用之前，可以跟植物說說話，在心裡（或說出來）跟它們聊聊這杯魔藥會幫助你的事。例如：

蜀葵啊，你知道我很難相信自己的直覺。希望你可以強化我的直覺，幫助我在知道自己的感覺是正確的時候相信自己。

花幾分鐘持續獨白，告訴藥草你希望它們幫助你的一切。說完話後，茶也夠涼可以喝了——充滿了你的意念、話語、你所有的想法、所有的意志。這是真正的魔法藥湯。如果你喜歡甜味，可以加入一點蜂蜜。然後閉上眼睛，一口一口啜飲，把魔藥完全喝下。

感覺到魔法滲透到你整個身體、心智跟靈魂。感謝植物靈的幫助，並開始占卜工作，或上床睡覺展開夢工作，或者做其他任何靈能工作。

練習63

夢境十一香
茱蒂卡·愛爾斯（Judika Illes）作

魔法吉時： 任何時刻

媒材：

- 茴香籽（*Pimpinella anisum*）
- 月桂葉（*Laurus nobilis*）
- 綠豆蔻（*Elettaria cardamomum*）
- 肉桂（*Cinnamomum zelanycum*）
- 柯巴（*Protium copal*）

- 胡椒薄荷（*Mentha piperita*）（可以用其他種類的薄荷替代，例如綠薄荷）
- 艾草（*Artemisia vulgaris*）
- 沒藥（*Commiphora myrrha*）
- 乾燥玫瑰花瓣（*Rosa spp.*）
- 檀香（*Santalum album*）
- 紫藤（*Wisteria spp.*）

目的：夢境可以刺激靈視經驗，帶來有預知性或啟示性的資訊，還能提升、增強靈能力。作夢的時候，可以讓靈能力升級。這聽起來可能令人卻步，不過，跟其他任何事一樣——跳舞、唱歌、彈鋼琴、數學——當然有些人會比其他人在作夢這門藝術擁有更高的天賦。但是，只要有恆心、願意練習，每個人都可以學習夢境魔法這門技藝。也就是說，如果第一次沒成功，再接再厲；有一天一定會成功的。有許多方式能讓夢境魔法更簡單，例如幸運符、咒物、夢枕和有薰香。

這道薰香配方並不來自任何傳統，而是我個人的配方，以各種經過實際使用且真實有效的夢境強化藥草調配而成。

這些植物的組合同時能夠提升靈視力，也能提供靈性上的保護，讓你能夠大膽作夢。

請不要在睡覺的時候燒香。時刻都要留意用火的安

全。可以這麼做：像在為儀式做準備一樣，進行臥室的準備。鋪好床，讓自己能夠舒服睡眠。睡前在睡眠場所附近焚香，讓香味縈繞室內。有些材料可以在花園或超市輕易取得，其他像是柯巴或道德採收的檀香，則更難找一點。我沒有附上比例，因為這個配方的香氣必須符合你個人嗅覺的偏好。例如，如果你不喜歡肉桂，加一小撮就好。

作法： 把以上材料混合。總共有十一項媒材，數字 11 讓人想起兩根柱子——它們讓我想到通過夢境世界的大門，你準備開始作夢的時候也可以那麼想像。想要的話，可以用研缽搗杵把材料磨碎，但不是必須。完成後，放進香爐焚燒。

　　把多出來的植物媒材放進一個盒子或袋子裡，如果在一個夢的中間醒來，想不起來夢的內容，就可以打開容器，深深吸一口氣。這應該能幫助你喚醒夢境或記憶。也可以用其他夢境強化物跟這道薰香配合使用。例如，在床邊放一株活的梔子花，它們的香氣能引發靈視之夢；或者呼喚你的守護靈來指引你。

參考書目

◆ 中文

三位隱士，《卡巴萊恩》。柿子文化。2018。

麥特‧奧林，《魔法顯化：93 則成為巫師的自學指南》。楓樹林出版。2021。

史考特‧康寧罕，《神聖魔法學》。柿子文化。2020。

隆‧麥羅‧杜奎特、大衛‧修梅克，《儀式魔法全書》。楓樹林出版。2021。

◆ 英文

Barton, Tamysn. Ancient Astrology. Taylor & Francis, 2002.

Betz, Hans Dieter (translator). The Greek Magical Papyri in Translation, Including the Demotic Spells, Volume 1. University of Chicago Press, 1996.

Blackthorn, Amy. Blackthorn's Botanical Magic: The Green Witch's Guide to Essential Oils for Spellcraft, Ritual and Healing. Weiser Books, 2018.

Bogan, Chas. The Secret Keys of Conjure: Unlocking the Mysteries of American Folk Magic. Llewellyn Worldwide, Ltd., 2018.

Bowman, Sarah Lynne, and Kjell Hedgard Hugaas. "Magic is Real: How Role-playing Can Transform Our Identities, Our Communities, and Our Lives." In Knutepunkt Book Project 2021. Oslo, Norway.

Buckland, Raymond. Buckland's Book of Spirit Communications. Llewellyn Worldwide, Ltd., 2004.

Cabot, Laurie, Penny Cabot, and Christopher Penczak. Laurie Cabot's Book of Shadows. Copper Cauldron, 2014.

Cabot, Laurie, and Christopher Penczak. Laurie Cabot's Book of Spells and Enchantments. Copper Cauldron Publishing, 2014.

Cabot, Laurie, and Tom Cowan. Power of the Witch: The Earth, the Moon, and the Magical Path to Enlightenment. Random House Publishing Group, 2013.

Case, Paul Foster. An Introduction to the Study of the Tarot. Azoth Publishing Company, 1920.

Castaneda, Carlos. Tales of Power. Atria Books, 2013.

Crowley, Aleister. The Equinox: Keep Silence Edition, Vol. 1, No. 2. Scott Wilde, 2018.

Crowley, Aleister. Liber II: The Message of the Master Therion. Pangenetor Lodge Publications/The O.T.O., 1994.

Crowley, Aleister. Magick Without Tears. New Falcon Publications, 1991. Crowley, Aleister, Leila Waddell, and Mary Desti. Magick: Liber Aba: Book 4. Red Wheel/Weiser, 1997.

Crowley, Aleister, and Rose Edith Crowley. The Book of the Law, Liber al vel legis, with a facsimile of the manuscript as received by Aleister and Rose Edith Crowley on April 8,9,10, 1904 e.v. Weiser Books, 2004.

Crowther, Patricia. Lid Off the Cauldron: A Handbook for Witches. Muller, 1981.

Daimler, Morgan. Pagan Portals—Fairy Witchcraft: A Neopagan' s Guide to the Celtic Fairy Faith. John Hunt Publishing, 2014.

Dispenza, Joe. Becoming Supernatural: How Common People Are Doing the Uncommon. Hay House, Inc., 2019.

Dionne, Danielle. Magickal Mediumship: Partnering with the Ancestors for Healing and Spiritual Development. Llewellyn Worldwide, Ltd., 2020.

Dominguez Jr, Ivo. Casting Sacred Space: The Core of All Magickal Work.

Red Wheel/Weiser, 2012.

Dominguez Jr., Ivo. The Four Elements of the Wise: Working with the Magickal Powers of Earth, Air, Water, Fire. Red Wheel/Weiser, 2021.

Dominguez Jr., Ivo. Keys to Perception: A Practical Guide to Psychic Development. Red Wheel/Weiser, 2017.

Dominguez Jr., Ivo. Practical Astrology for Witches and Pagans: Using the Planets and the Stars for Effective Spellwork, Rituals, and Magickal Work. Red Wheel/Weiser, 2016.

Dominguez, Ivo. Spirit Speak: Knowing and Understanding Spirit Guides, Ancestors, Ghosts, Angels, and the Divine. Red Wheel/Weiser, 2008.

DuQuette, Lon Milo. Low Magick: It's All in Your Head…You Just Have No Idea How Big Your Head Is. Llewellyn Worldwide, Ltd., 2011.

Eason, Cassandra. Scrying the Secrets of the Future: How to Use Crystal Ball, Fire, Wax, Mirrors, Shadows, and Spirit Guides to Reveal Your Destiny. Red Wheel/Weiser, 2006.

Elliott, John H. Beware the Evil Eye (Volume 2): The Evil Eye in the Bible and the Ancient World: Greece and Rome. Lutterworth Press, 2016.

Fay, Elizabeth A. Romantic Egypt: Abyssal Ground of British Romanticism. Lexington Books, 2021.

Faerywolf, Storm. Betwixt and Between: Exploring the Faery Tradition of Witchcraft. Llewellyn Worldwide, Ltd., 2017.

Fortune, Dion. Applied Magic. Red Wheel/Weiser, 2000.

Foxwood, Orion. Mountain Conjure and Southern Rootwork. Red Wheel/Weiser, 2021.

Freuler, Kate. Of Blood and Bones: Working with Shadow Magick and the Dark Moon. Llewellyn Worldwide, Ltd., 2020.

Gardner, Gerald B. The Meaning of Witchcraft. Red Wheel/Weiser, 2004.

Grayle, Jack. The Hekatæon. Ixaxaar Occult Literature, 2020.

Grimassi, Raven. Encyclopedia of Wicca and Witchcraft. Llewellyn Publications, 2000.

Grimassi, Raven. Spirit of the Witch: Religion and Spirituality in Contemporary Witchcraft. Llewellyn Publications, 2003.

Hauck, Dennis William. The Complete Idiot's Guide to Alchemy. Alpha Books, 2008.

Herbert, Frank. Dune, 40th Anniversary Edition (Dune Chronicles, Book 1). Ace Books, 2005.

Holden, James H. A History of Horoscopic Astrology. American Federation of Astrologers, 2006.

Horowitz, Mitch. Initiates, Three. The Kybalion Study Guide: The Universe Is Mental. Ascent Audio, 2020.

Howard, Michael. Educating the Will. Waldorf Publications, 2015.

Hunter, Devin. Modern Witch: Spells, Recipes and Workings. Llewellyn Worldwide, Ltd., 2020.

Hunter, Devin. The Witch's Book of Mysteries. Llewellyn Worldwide, Ltd., 2019.

Hunter, Devin. The Witch's Book of Power. Llewellyn Worldwide, Ltd., 2016. Hunter, Devin. The Witch's Book of Spirits. Llewellyn Worldwide, Ltd., 2017.

Huson, Paul. Mastering Witchcraft: A Practical Guide for Witches, Warlocks, and Covens. iUniverse, 2006.

Jenkins, Greg. The Theban Oracle: Discover the Magic of the Ancient Alphabet That Changes Lives. Red Wheel/Weiser, 2014.

Kynes, Sandra. Crystal Magic: Mineral Wisdom for Pagans and Wiccans. Llewellyn Worldwide, Ltd., 2017.

Lévi, Éliphas. Transcendental Magic. Red Wheel/Weiser, 1968.

Magdalene, Misha. Outside the Charmed Circle: Exploring Gender and Sexuality in Magical Practice. Llewellyn Worldwide, Ltd., 2020.

Mankey, Jason. Transformative Witchcraft: The Greater Mysteries. Llewellyn Worldwide, Ltd., 2019.

Mankey, Jason. Witch's Wheel of the Year: Rituals for Circles, Solitaries and Covens. Llewellyn Worldwide, Ltd., 2019.

Mathiesen, Robert, and Theitic. Rede of the Wiccae. Witches Almanac Ltd., 2006.

Matthews, Caitlin, John Matthews, Gareth Knight, and Virginia Chandler. Arthurian Magic: A Practical Guide to the Wisdom of Camelot. Llewellyn Worldwide, Ltd., 2017.

Miller, Jason. The Elements of Spellcrafting: 21 Keys to Successful Sorcery. United States: Red Wheel/Weiser, 2018.

Miller, Jason. The Sorcerer's Secrets: Strategies in Practical Magick. United States: Red Wheel/Weiser, 2009.

Mooney, Thorn. The Witch's Path: Advancing Your Craft at Every Level. Llewellyn Worldwide, Ltd., 2021.

Morrison, Dorothy. Everyday Moon Magic: Spells and Rituals for Abundant Living. Llewellyn Worldwide, 2003.

Morrison, Dorothy. Everyday Sun Magic: Spells and Rituals for Radiant Living. Llewellyn Worldwide, 2005.

Morrison, Dorothy. Utterly Wicked: Hexes, Curses, and Other Unsavory Notions. Red Wheel/Weiser, 2020.

Murphy-Hiscock, Arin. Spellcrafting: Strengthen the Power of Your Craft by Creating and Casting Your Own Unique Spells. Adams Media, 2020.

Orapello, Christopher, and Tara-Love Maguire. Besom, Stang and Sword: A Guide to Traditional Witchcraft, the Six-Fold Path and the Hidden Landscape. Red Wheel/Weiser, 2018.

Orpheus. The Hymns of Orpheus: With the Life and Poetic Theology of Orpheus. Pantianos Classics, 2020.

Pamita, Madame. The Book of Candle Magic: Candle Spell Secrets to Change Your Life. Llewellyn Worldwide, Ltd., 2020.

Pearson, Nicholas. Flower Essences from the Witch's Garden: Plant Spirits in Magickal Herbalism. Inner Traditions/Bear, 2022.

Pearson, Nicholas. Stones of the Goddess: Crystals for the Divine Femi- nine. Inner Traditions/Bear, 2019.

Penczak, Christopher. Foundations of the Temple: A Witchcraft Tradition of Love, Will and Wisdom. Copper Cauldron Publishing, 2014.

Penczak, Christopher. Magick of Reiki: Focused Energy for Healing, Ritual, and Spiritual Development. Llewellyn Publications, 2004.

Penczak, Christopher. The Outer Temple of Witchcraft: Circles, Spells and Rituals. Llewellyn Worldwide, 2004.

Penczak, Christopher. The Plant Spirit Familiar. Copper Cauldron Publishing, 2011.

Penczak, Christopher. The Temple of High Witchcraft: Ceremonies, Spheres, and the Witches' Qabalah. Llewellyn Publications, 2007.

Penczak, Christopher. The Three Rays of Witchcraft: Power, Love and Wisdom in the Garden of the Gods. Copper Cauldron Publishing, 2010.

Pepper, Elizabeth. Witches All: A Treasury from Past Editions of the Witches' Almanac. Witches' Almanac, 2003.

RavenWolf, Silver. HexCraft: Dutch Country Magick. Llewellyn Publications, 1995.

RavenWolf, Silver. Solitary Witch: The Ultimate Book of Shadows for the New Generation. Llewellyn Worldwide, 2003.

RavenWolf, Silver. Teen Witch: Wicca for a New Generation. Llewellyn Publications, 1998.

RavenWolf, Silver. To Light a Sacred Flame: Practical Witchcraft for the Millennium. Llewellyn Publications, 1999.

RavenWolf, Silver. To Ride a Silver Broomstick: New Generation Witchcraft. Llewellyn, 1993.

RavenWolf, Silver. To Stir a Magick Cauldron: A Witch's Guide to Casting and Conjuring. Llewellyn Worldwide, Ltd., 2013.

RavenWolf, Silver. The Witching Hour: Spells, Powders, Formulas, and Witchy Techniques that Work. Llewellyn Worldwide, Ltd., 2017.

Regardie, Israel, and John Michael Greer. The Golden Dawn: The Original Account of the Teachings, Rites, and Ceremonies of the Hermetic Order. Llewellyn Publications, 2015.

Reed, Theresa. Astrology for Real Life: A Workbook for Beginners (a No B. S. Guide for the Astro-Curious). Red Wheel/Weiser, 2019.

Simmons, Robert, Naisha Ahsian, and Hazel Raven. The Book of Stones: Who They Are and What They Teach. Inner Traditions/Bear, 2015.

Steiner, Rudolf. Knowledge of the Higher Worlds and Its Attainment. Read Books Ltd., 2013.

Valiente, Doreen. Natural Magic. Crowood Press, 1999.

Valiente, Doreen. Witchcraft for Tomorrow. Crowood Press, 2018.

Wachter, Aidan. Changeling: A Book Of Qualities. Red Temple Press, 2021.

Wachter, Aidan. Six Ways: Approaches and Entries for Practical Magic. Red Temple Press, 2018.

Wachter, Aidan. Weaving Fate: Hypersigils, Changing the Past, and Telling True Lies. Red Temple Press, 2020.

Waite, Arthur Edward. The Book of Black Magic. Red Wheel/Weiser, 1972.

Weschcke, Carl Llewellyn, and Joe H. Slate. The New Science of the Paranormal: From the Research Lab to Real Life. Llewellyn Worldwide, Ltd., 2016.

Whiteley, C.M.K. "Aphantasia, imagination and dreaming." Philos Stud 178, 2111–2132 (2021). https://doi.org/10.1007/s11098-020-01526-8

Zakroff, Laura Tempest. Anatomy of a Witch: A Map to the Magical Body. Llewellyn Worldwide, Ltd., 2021.

Zakroff, Laura Tempest. Weave the Liminal: Living Modern Traditional Witchcraft. Llewellyn Worldwide, Ltd., 2019.